一路向北

浪人醫師的徒步台灣東海道

著——吳佳璇

目錄
CONTENTS

推薦序　徒步是身體與心靈的對話　水瓶子／7
推薦序　路隨腳至，腳下無處不故事　徐銘謙／10
推薦序　走吧、吃吧、笑吧！敬我們忽遠忽近的徒步情誼，眾樂樂與獨樂樂的徒步旅行　張曉卉／12
推薦序　二〇二三年一月二十六日至二十七日，北埔到和平　黃盛璘／15
推薦序　跟著佳璇醫師一路向北，感受東台灣的美麗與哀愁　劉秀枝／18
前　言　人類為什麼要走路？／20

第1回　開始一路向北　恆春——滿州／24
第2回　這就是台東藍　滿州——安朔／36
第3回　神秘的請託　安朔——太麻里／46
第4回　對著聖山祈禱，一路平安　太麻里——初鹿／56

第5回 新書分享會 龍過脈——池上／68
第6回 走一條伊能嘉矩時代不存在的路 池上——三民／78
第7回 探訪古蹟，置身童話 三民——萬榮／90
第8回 回不去的過去 萬榮——吉安／102
第9回 一期一會 吉安——北埔／116
第10回 迎接太平洋的曙光，遠望清水斷崖 北埔——和平／126

第11回 行百里半九十／140
和平——南澳

第12回 短暫存在的大南澳國／148
南澳——南方澳

第13回 噶瑪蘭少女的傳說／158
南方澳——二結

第14回 斜風細雨，石港春帆／166
二結——外澳

第15回 蘭陽八景之一，北關海潮／172
外澳——馬崗

第16回 你們一來篳路藍縷，我們就開始顛沛流離／182
馬崗——龍洞

第17回 奇岩與陰陽海 **龍洞——八斗子**／190
第18回 色彩繽紛彩虹屋 **八斗子——外木山**／198
第19回 野柳，魔鬼海域？ **外木山——跳石**／208
第20回 天涯海角 **跳石——淺水灣**／218
第21回 親近媽祖的好時節 **淺水灣——關渡**／226
第22回 回到原點 **關渡——省道公路原點**／234
後記 徒步台灣之後／244

推薦序

徒步是身體與心靈的對話

水瓶子（青田七六文化長）

佳璇是大學同屆同學，因為舉辦三十重聚同學會，被我邀請帶一個走讀活動：從中山堂出發，經過二二八公園內台博館後方的後藤新平雕像原址，進入台大醫院看杜聰明胸像，踏入醫學人文博物館，經過銅山街往南，到了台北監獄（台北刑務所）舊址，賴和、蔣渭水都曾被關在監獄裡面，然後再前往青田街，去看堀內次雄、澤田平十郎曾經住過的地方。走讀這些百年前的醫師從年少念書到執業的生活場域，短短一段路卻能講出台灣百年醫療史，那麼徒步環島一周可以有什麼樣的啟發呢？

這一本書雖然只是佳璇的紀錄，卻可找出隱藏在這座島嶼的眾多秘密！

一九一二年，賴和與杜聰明在寒假期間花了六天的時間，從台北徒步回到彰化，這兩位青年當時二十歲，賴和寫下了二十多首漢詩，不僅自省也展現了對於弱勢的關懷，不知道是不是這趟旅行的啟蒙，杜聰明後來積極幫助人戒除鴉片毒癮。

思欲一探之，吾腳力已疲，即此問風俗，語苦不能通。
我本客屬人，鄉言更自忘，慼然傷懷抱，數典愧祖宗。（節錄賴和漢詩）

一路向南開始走之後，原本佳璇一個人徒步，後來變成一群人追隨，我任性地要求一路向北走到清水斷崖，無論如何一定要參與。我曾經跑到日本去追陳澄波的畫作〈東台灣臨海道路〉，卻沒有好好地參透陳澄波的心情。我很期待的日子到了，當天天氣原本非常好，但斷崖與海面在我面前不斷地變化，思索著大約六百萬年前，因爲板塊運動而突出海平面的板塊，到底歷經了什麼地質活動而變成了這片斷崖？一旁車聲轟隆隆的經過，把我拉到了現實，走入隧道吸著汽車的廢氣，走出隧道開始吹起強烈的東北季風，連我都要屈身前行。克服身心的困難，我想這應該也是一九三〇年陳澄波實地考察的心情吧？太魯閣族親子在海灘上徒步，海上的小木船到底飄向哪裡呢？

我想起了孟祥森，一九八九年，當時大一的我在學生活動中心看到同學們上演行動劇幫老蔣帶高帽的活動，這位前輩作家見新聞後在校門口靜坐支持（詳見《孟祥森全集》羅文嘉序）。孟祥森在《素面相見》中自述他在台北市街頭巷尾深度探索，自認爲已經非常了解台北市了，於是想要徒步台灣環島，但是第一天走出台北市看到每一個地方都是一樣的：車、水泥、路、橋，根本沒有行人的空間，於是他就放棄了。時至今日，這些基礎建設已經更進步了，但徒步時仍經常苦無行人的空間。

台灣每年媽祖的遶境參與的人數逐年增加，除了粉紅超跑的新聞中突顯的嘉年華與神蹟之外，有次我跟著走了一整天，雖然周邊鑼聲、鞭炮聲不絕於耳，但徒步的過程中十分的平靜，感受到的是身體與心靈的對話。無論是日本四國遍路、西班牙的朝聖之路、耶路撒冷的苦路等，若我們不拘泥於宗教信仰，這是一種哲學思考，笛卡兒：「我思故我在」，我們只要開始徒步，自己的信仰自然就浮現，更能無所畏懼的面對未來。

路隨腳至，腳下無處不故事

徐銘謙（台灣千里步道協會副執行長）

還記得大約一年半前，因為吳醫師剛出版《一路向南》，長期推動長距離步道的千里步道協會辦了一場智庫沙龍，邀請作者現身分享，那時候我正聽聞吳醫師準備展開東部徒步的壯遊，沒想到這麼短的時間，她不只是走完了，還把書寫出來了！明明是執業精神科醫師，卻能在週末出現在交通不是那麼便利的東部現場，銜接上次行程的節點，吆喝眾人，繼續快步前進，而且還事前做了很多功課，眞是時間管理大師，讓人佩服。

閱讀這本《一路向北》，彷彿自己就在現場，跟著一行人笑笑鬧鬧、躲雨、吃海鮮，參與了那些鮮活的談話，又好像即使吳醫師難得一個人的時候，也能從她眼睛裡面望出去，看見沿途的風景與隨想。在她文字中不時會出現經過地點的歷史故事，以及文獻紀錄的出處；也不時會切換到精神科醫師的角度，對於沿途見聞與歷史提出評估與詮釋。在兼具醫生與作家的身分，能夠自由切換左腦與右腦的思路，讓本書讀來兼具深度與跳躍的趣味。

雖然吳醫師在《一路向南》時引用野武士行走東海道的路徑，在《一路向北》這裡提到「人生即遍路」的四國遍路，但我覺得對於吳醫師來說，走的路是什麼名字、路線本身有沒有既定的邏輯、有沒有名氣都沒什麼差別，只要雙腳持續在走動，路就在腳下，而所經之處，總能挖出屬於那裡的故事與遺跡，正是精力充沛想要不斷走下去的慾望，驅動著更多的人與人的相遇，以及更多人生的故事。想必此時她已經在走下一本書了，我們也要準備好跟上。

推薦序

走吧、吃吧、笑吧！敬我們忽遠忽近的徒步情誼，眾樂樂與獨樂樂的徒步旅行

張曉卉（前康健雜誌總編輯、自由寫手）

我喜歡走路。心情好、心情不好，走路；看稿、寫稿思緒奔騰腦袋發熱，走路；手機顯示今天移動累計不足六公里，走路；飛到東京、清邁，想多認識異國城市，走路。徒步，可說是我的身心百憂解。

二〇二〇年佳璇開始徒步環島，看到她的貼文，萌生「舉手參加」的念頭。二〇二二年三月，很幸運從台灣最南端的恆春鵝鑾鼻，加入佳璇隊長的徒步台灣，分段環島之旅。

有什麼心得？我喜歡我們這群中年婦女（偶爾有男子）培養出來「忽近忽遠」的徒步情誼。

忽近，因爲沿路有伴有安全感。每一次徒步，我偏好走在隊伍中間，前有人高腿長

的佳蒨衝鋒開路、嬌小卻是勇腳的蘇醫師供我定位配速；後面有其他隊友，以及隊長壓陣，本人沒什麼功能至少得穩穩前進不落隊。有時整隊排成一列走，有時兩兩並肩聊，或者停下來聽佳璇分享某個神社、鄉鎮、文人的古往今昔。我們一起驚嘆太平洋特有的台東藍，走進花東縱谷蝶舞翩翩，宜蘭阡陌綿綿細雨，北海龜山島沿路相伴，一起走路往目的地前進，帶給人一體感與幸福感，是眾樂樂。

忽遠，雖是結隊徒步，常常也在探照自心。因爲景色再怎麼壯闊秀麗，有時也會走到懷疑人生。烈日灼身，熱到前方路面冒出海市蜃樓；公路隧道車流逼仄，只能縮身快行；大雨冷風淋身，腿脹腳酸。大家都在同一條路上，也沒理由喊停，這時我只能收攝神緒，背《心經》，念佛號，左腳、右腳，一次一步，繼續前進。結伴徒步，很多時候也是一個人的修行，是獨樂樂。

謝謝佳璇安排行程，還要搜尋在地好味，強化報名動機。好比說：「進入蘭陽平原，沿台二線繞行北海岸，會經過許多漁港，嘗試安排讓行程都有海鮮……」加上她人緣好，總有朋友學長介紹厲害餐廳，引領我們甘願跋涉前去。

每次徒步，平均會走十五到二十公里，走了一天疲累恍神，大夥走進餐廳，享受（爭食）滿桌佳餚，特香；喝一口沁涼啤酒，暢快；老隊友新隊友跨界開聊，歡樂。

拜讀佳璇新書《一路向北》，重溫了共同徒步的場景，我們走著、吃著、笑著，這些吉光片羽，收進每個人記憶櫥櫃美好豐盛的那一個抽屜。

電影《我的完美日常》主角平山先生在姪女說想去看海時，早就安排她母親來接的平山回答：「下次吧！」姪女還是想去，平山說：「今は今、次回は次回（現在是現在，下次是下次）。」

是的，每次的徒步都是獨一無二，再次相遇出發，時空環境也不會相同。寫這篇文章的前一天，台灣遭遇九二一大地震之後二十五年來最大七．二級強震，我們曾經走過的清水斷崖隧道口大片崩塌路斷，自然令人敬畏，無常就是日常，珍惜每一次相聚，現在就是現在，下次就是下次。

二〇二三年一月二十六日至二十七日，北埔到和平

黃盛璘（園藝治療師）

在佳璇的「一路往北」中，我參加了二〇二三年一月二十六日至二十七日北埔到和平的徒步（見一二六頁）。

我在去年一月二十八日的臉書上寫道：

昨晚回到家，清理了傷口（腳底兩顆大水泡），洗了熱水澡，睡一大覺後，終於可以整理昨天的一些紀錄了。

昨天，我們一行在六、七級東北季風中，逆風前行。風在耳邊、車在身邊呼嘯而過，好冷，我扣緊風衣拉鍊。

穿過無數條隧道，隧道中，只能緊貼著岩壁走，小心翼翼的！走過崩塌的大清水，走過二〇二一年四月太魯閣號火車出事處，看到一路被石頭壓著的金紙，心中默唸：阿

彌陀佛！

風愈來愈大，我被吹得寸步難行。突然，出現神隊友：高個兒的水瓶子走到我前面「破風」，左邊年輕力壯的夥伴一手捉著我，一手推著我，右邊那位則負責「擋風」，而後面有團長佳璇守著，就這樣被四個人牆「挾持」著安然頂過難關！啊，這份情，終生難忘！

隊伍愈拉愈遠，團長陪著我殿後，報著公里數三．五公里↓二．四公里↓二公里↓一．五公里↓一公里↓三百公尺……這逐漸減少的數字，竟是最大的鼓舞，彷彿吊掛在我前面的誘人胡蘿蔔……

一轉身，看到終點和平火車站時，眼淚都快飆出來：我走到了！

神隊友及時遞來一碗熱騰騰麵線，這真是史上最好吃！

等車時刻，大夥到附近台泥園區的星巴克，在暖暖飲料下的閒聊，才知道陳澄波曾於此作畫、張愛玲到此一遊過……

#終生難忘的一次徒步
#遇見一群神隊友呀
#徒步沒想像的悠閒

雖然從佳璇一開始的「一路往南」，我就一直在臉書上追著她跑，聽著她一路講地方故事，讚嘆著她的文筆與博聞。從沒想過，第一次就參加了整整兩天的徒步行軍。面對同行者的「風火輪」速度，我其實追得有點辛苦。但今天回想起來，對走過清水斷崖，心中仍有幾分驕傲呢。也對佳璇的毅力、耐力感到佩服不已，要不是對走路的執著，要不是對台灣歷史風土的喜愛，我想，要在繁忙的醫師工作中，及照顧失智父親之餘，挪出時間，接力式的走完南段，接著又鍥而不捨的往北走，把台灣島分段踏查了一圈，而且將過程輕鬆詳實記錄下來，這得要有多大的熱情投入呀。

讀著佳璇的文章，總彷彿我又背起背包上路了，時而晴空萬里、時而刮風下雨，跟著佳璇往南往北、一步步地走進台灣各角落的風景中！

跟著佳璇醫師一路向北，感受東台灣的美麗與哀愁

劉秀枝（台北榮總特約醫師）

我退休後的第二年，經一位共同朋友引介認識了吳佳璇醫師，一頓飯開懷暢聊後，十六年來就跟這位小我二十一屆的北一女學妹成了忘年之交。

她非常優秀且獨特，從台大醫科畢業，曾經擔任過台大醫院及多家教學醫院的精神科主治醫師，且專精腫瘤心理學，目前是遠東聯合診所身心科專任主治醫師，從醫學殿堂到診間，年輕但閱歷豐富，涉獵甚廣，且深懂民間疾苦。

行醫之餘，佳璇醫師筆耕不輟，除了各類專欄，已有十二本著作，且觸角極廣。這些大作我大都拜讀過，除了文筆簡練傳神，她還飛到離島、日本、北京等地，認眞地替書中內容查證。不曉得佳璇的活力、毅力與腦力從何來？讓我非常佩服。

一直很欣賞佳璇醫師的爽朗率直，最令人感動的是以醫師與照顧者的雙重身分，在專欄與書中分享她照顧罹胰臟癌的母親與目前失智的父親的經驗。癌症與失智是中老年

人最害怕的兩種疾病，佳璇的經驗藉由著作與演講讓許多讀者可以跟著學習。

自許爲「浪人醫師」的佳璇，以流傳千年的日本四國遍路的朝聖靈感，二〇一八年開始徒步並逐漸完成日本四國的朝聖路。接著開始徒步台灣，完成了精彩的《一路向南》。再接再厲，於二〇二二年三月至二〇二三年四月，從恆春半島分段徒步到台北，完成了《一路向北》，剛好在台灣畫了一個圓。

我有幸閱讀本書的原稿，好奇地跟著佳璇逐步往北，非常享受，欲罷不能。很多地方我都去過，但不像書中描述的如此生動有趣，以及感人的故事。

做爲隊長，除了四位固定班底，有時參加的學長學弟妹或朋友高達十七位，佳璇醫師除了發揮她的「歷史控」精神，驗證人文地理外，還利用手機查 Google 上的客運、火車時刻表以及小吃店的營業時間等；並以 Messenger 傳遞訊息，照顧不同腳程的夥伴。例如徒步經過清水斷崖，要戴工地帽以策安全，又不想老遠背來，於是上網團購，送到民宿附近的便利商店。如果不是她個人魅力與能耐是無法完成的。

台灣還沒有一條適合人走路的環島步道，希望佳璇醫師的《一路向南》與《一路向北》可以催生出友善的徒步環島步道，到時候我們也許會在路上不期而遇，且愈走愈健康。

人類為什麼要走路？

人類一直在走路。

七萬多年前，智人從東非出發，向東穿越阿拉伯半島，橫越亞洲，通過結冰的白令海峽，從北美縱貫行走到南美；還有一群人則向西走進歐洲，一路來到挪威。這些人長距離走路，在廣袤的土地上活動，獲取打獵、生火、煮食等新經驗，接著發展出語言、文字，甚至整個文明。

現代人爲什麼走路？每個人都有自己的答案。無論是政府告訴你要「日行一萬步，健康有保固」，還是禪師教示要以走路整頓心靈，找回平靜，都不見得是你的答案。在抬頭挺胸，肩膀放鬆，重複不斷移動雙腿的過程中，無論是對自己內心，還是身邊一草一木，都是展開對話的好時機。同樣的路程，每次體驗不同，就連並肩走路的兩個人，也會感受到不一樣的心情與風景。

我怎麼開始走路？

年輕就喜歡旅行和走路，直到中年，才將走路變成旅行的主旋律。二〇一八年起，我開始徒步日本四國，將流傳千年、全長一千二百公里的朝聖路，依照自己的時間分段完成。

未料二〇二〇年新冠疫情爆發，國境封鎖，悶在台灣的二千三百萬人，開始想方法自我安頓。而我是在一次住家附近散步途中，出現將蟄伏內心多年的自行車環島，與分段徒步結合的念頭。

即便有接近完成的四國遍路經驗，徒步台灣還是一種新體驗，因爲台灣沒有一條適合人走路的環島步道。

雖然，「千里步道」的構想，十多年前已有一群熱愛生態與文化的台灣人，開始倡議與實踐，卻尚未完成。但別忘了，靠著幾乎人人不離身的智慧型手機、覆蓋率極高的電信網，還有蛛網般的公路——善用這些基礎公共建設，不只是我，任何一位徒步者都能按照自己的體力、時間和觀看的興趣，規劃出一條獨一無二的徒步台灣道。

二〇二〇年十月十日到二〇二二年三月五日，我從位於台北市中心的行政院台灣省道公路原點出發，沿著西海岸，一路向南，走到鵝鑾鼻燈塔旁的極南點。避開炎熱的夏季，只要沒事、沒有大風大雨的週末，就是適合走路的日子。

除了走路，我也是喜歡歷史與文字的人，於是將一路重新發現、認識西台灣的體驗，收錄在前作《一路向南》。無論您是否讀過，現在，請您跟著我一路向北，感受東台灣的美麗與哀愁。

｜花蓮新社梯田，電影《太陽的孩子》拍攝地點

第 1 回

開始一路向北

恆春—滿州

龍磐公園・剉冰、魚干，興海商店・佳樂水・娜魯灣小吃部

從龍磐公園石灰岩台地遠眺，前方是佳樂水

離開台灣極南點，一行人重回台二十六省道。這條環繞恆春半島，穿越瑯嶠十八社（斯卡羅）固有領地，極具觀光價值的道路，卻是清道光年間血淚斑斑的移民路。世居屏東平原的馬卡道族（台灣南部的平埔族群）爲了生存，如果不走海路，就得沿著海岸或翻過中央山脈尾稜進入東台灣，在縱谷平原或海岸地帶，與在地的卑南族、阿美族比鄰而居。

一陣緩坡後，我們來到位於石灰岩台地上的**龍磐公園**，石灰岩經海水侵蝕，除了形成崩崖、滲穴與岩洞，還有大片紅土長滿綠草，與蔚藍的太平洋形成對比。

「繼續侵蝕，海面就會出現各種造型的礁石，澳洲維多利亞省的大洋路十二使徒岩，就這樣來的。」望著前方貼近崩崖取景拍照的隊友，我和蘇醫師閒聊著，想起當年在澳洲進修時去過的地景。

「十二使徒是基督教文化，我們的可能會叫『八仙岩』，或是像前方的佳樂水，依造型與想像力，給石頭起了各種動物的名字。」我循著蘇醫師的視線望向北方，由於腦中缺乏參考座標，無法確定十公里外的佳樂水海岸，是否已進入地平線。

除了欣賞風景，身爲「隊長」，必須掌握行進速度，並確保沿途補給無虞。我用手機查看 Google Map，告訴已經有飢餓感的隊友，再五公里就有一家餐廳，我們將會在那兒午餐，並信心喊話：「大約一點就會到。」

因爲約莫一個多小時前，曾經過一家外觀極爲夢幻的咖啡館，原本隊友想坐在門口吹海風，等到十一點開門用餐，但我力主時間太早繼續前進，一怕人吃飽就發懶，二怕錯過今日終點佳樂水的最後入園時間。

大夥兒無異議頂著正午驕陽空腹趕路，我卻過意不去，便拐進一個名爲水蛙窟的聚落，希望發現 Ggoogle Map 沒有登錄的食肆。

「阮這個庄頭沒人在賣吃的。」我連闖三間民宅，終於遇到一位老者，淡定回應我的提問。

「沒關係啦，我們邊走邊玩，再走三公里就有得吃了。」玲鳳出言寬慰。

三公里確實只花了我們半個多小時的時間，想不到，餐廳竟被包場。

沿著台二十六省道往滿州，也是百年前的移民路

吃完興海商店老闆娘的愛心鍋燒麵，隊友們心滿意足地坐在店門前吹海風

「搞什麼浪漫，跑到這麼偏僻的地方辦婚宴。」我沒好氣啐道，幸好前方一公里還有兩家店，立刻去電聯繫，卻得知一家不營業，另一家要等到下午五點，才有辦法接待……

「再來又是個村子，還有漁港，看規模應該有雜貨店，先買食物充飢。」離開鵝鑾鼻最後補給站將近四小時，說不餓是騙人的，但我必須打起精神，告訴躲在面海樹蔭下休息的隊友，「我先出發探路。」

午後的漁村一片寂靜，路旁新建的王爺廟旁，有個不起眼的店招，寫著「**剉冰、魚干，興海商店**」。

適應光線反差後，我看到坐在一角顧店的老人，還有連接店面的廚房有張餐桌，擺滿像是供品的菜。

中年老闆娘聞聲，趕緊從屋內出來招呼，並回應我們，「這個村子現在沒人賣吃的，因爲不遠的港口吊橋附近，有好幾家餐廳。」

「開車是很近，可是對走路的人來說，三公里至少要走四十分鐘，很遠耶。」我隨口抱怨，眼角餘光卻飄向廚房有魚有肉的餐桌……

老闆娘沉默半晌，直接問我：「你們一共幾個人？冰箱還有些菜，我現在有空，傍晚作醮的菜剛弄好，可以幫你們煮鍋燒意麵。」

我立刻透過手機通訊軟體回報後方，村子裡有家臨時營業的麵店！隊友們擠在雜貨店前遮陽又遮雨的小小雨遮下，開心吃麵，沒人計較哪碗沒有蛋，哪碗又少了魚板，雖然老闆娘起鍋前一一交代。

端出第七碗麵，老闆娘終於有空和我們閒聊。疫情前，她除了顧店顧長輩，還兼營麵攤，「三級警戒後沒生意，不久前決定收掉，你們吃到最後剩下的食材。」

「咦，佳蒨還沒到，妳要不要問她生意談妥了嗎？」蘇醫師發現有碗麵一直沒動，囑我聯繫一路不斷和韓國客戶通話的妹妹。

原本一馬當先的妹妹，為了客戶臨時要求的遠距會議，留在手機訊號相對穩定的地點開會，已兼程追來。

會議顯然不太順利，她胃口不佳，只吃了半碗麵。其他隊友則利用等候時間，巡禮有限的貨架，並使用洗手間，相較西海岸店家以防疫為由關閉廁所，老闆娘的佛心又上一層。

「我們會先到吊橋附近的民宿，放下背包再去佳樂水。」從西岸屏東楓港一路陪伴我們的台二十六線，也將在前方的港口溪戛然中斷，必須透過縣道二〇〇甲等公路，迂迴通往東岸的公路終點台東安朔。

換言之，沿海繞行恆春半島，預計連接台九線的台二十六未完全通車，更精確的說法應該是，不會全線通車了，因爲旭海村以北有七公里預定路段，二〇一二年被屏東縣政府劃入自然文化保留區，也就是近年聲名大噪的阿朗壹古道。然而，許多文史工作者卻認爲，爲了讓歷史重現，應該要正名爲「瑯嶠卑南道」，更要讓今人深刻理解，這一路不只風光旖旎，還有四百多年來不同族群走過這條路，留下的斑斑血淚。

「我們接下來會走『阿朗壹古道』嗎？」正當我在盤算，如何輕鬆介紹台二十六線現狀時，隊友玲鳳爲眾人拋出心中久藏的疑問。

「那要看運氣，屏東縣政府有個專屬網頁，要到出發前三十天才能登記，聽說假日時段總是秒殺。如果搶到就走，搶不到繼續踢馬路。」身爲隊長，我有義務向大家報告尚未定案的行程。

說時遲那時快，我們已接近港口溪，眾人搶著從公路橋向東取景，前景是搖曳的樹影與小巧的白色吊橋，襯著遠方的藍天白雲。沒人想繼續討論，如何取得有限的阿朗壹古道通行員額。

佳樂水歸來，我們迫不及待推開民宿主人關上的店門，因爲他答應我們餐廳五點打烊前，會煮好一桌菜。

這是一家餐飲與住宿複合營業的商店，先有叔叔經營的海鮮餐廳，後有姪子搭建的民宿。年輕人介紹房間時，我忍不住提問：「明天要去吃早餐的另一家民宿，也是你們經營的？」

「是啊，兩邊供餐忙不來。因爲連續假日有時客人接不完，我才跟叔叔商量另開一家。」原本想恭喜他經營有道，年輕老闆卻兀自說起，叔叔的餐廳因疫情陸客不來，生意受到衝擊。

在形同包場的用餐空間裡，我們一邊享受廚師的港式海味料理，一邊打量四周陳設。除了掛在牆上的地方政治人物賀匾，桌上還有印有人物肖像的抽取式衛生紙與小包裝面紙，他們是執政黨三位立委，正在競爭縣長初選提名。

「哪種競選小物比較吸睛？」素鈴邊問邊抽衛生紙抿嘴。眾人七嘴八舌，認爲放

｜位於港口溪出海口的港口吊橋，橋上可以賞鷹，周邊水域適合立槳

在桌上的抽取式衛生紙廣告效益較高，並推測隨處可見的競選旗幟，不久就會成爲田裡趕鳥的另類稻草人。

隔天清晨，只有我和玲鳳摸黑起床，想到港口吊橋迎接太平洋的曙光。雖然雲層太厚，可是搶先鄉公所派來入口的收費員一步，還是有種佔到便宜的小快感。

早餐後，我們沿著與港口溪（原豬勝東溪）下游平行的縣道二〇〇甲，離開港口村。如果沒有一、兩群自行車騎士迎面交會，和我們互比大拇指打氣，會讓我一度以爲，這是條專爲行人存在的步道。經過一段緩上坡，有位騎士停下車問我，「妳是吳佳璇學姐嗎？我是吳侑庭，妳的大學學弟，妳應該不認識我。不過，我們是臉友喔，昨天從動態看到，妳在港口吊橋打卡，一早從恆春騎過來，便特別留意走路的人……」奇妙的臉書，讓不曾在校園與醫院互動的學姐學弟，相遇國境之南。簡短寒暄後，我掏出手機留影，並立刻以 Messenger 傳送。

回頭上路，卻看到素鈴正從地上咬牙起身。我趕緊上前，她示意不用攙扶，「聽到有人叫妳，我好奇回頭張望，一不小心就『仆街』了。還好沒人看到，真糗。」

素鈴試走了幾步，看來並無大礙，我還是決定用手機通知已經走遠的隊友暫停等

｜左：縣道二〇〇旁的檳榔攤，也是複合式餐飲店，老闆娘聞聲解救了飢腸轆轆的徒步者｜右：隊友在此次終點分水嶺社區活動中心，等候預訂的休旅車接駁回恆春

候。眾人不放心，不僅立刻回頭查看，還各自掏出外傷藥膏、ＯＫ繃及止痛藥，「這也太強大⋯⋯跟大家一起走路眞好⋯⋯」素鈴喃喃自語。

進入縣道二〇〇主線，遇上拓寬工程。沿著工地走了一公里多，發現通過的汽機車寥寥可數，「有拓寬的必要嗎？」我心中充滿問號。現代人不已有了寬廣的南迴公路交通東西岸，難不成這條從恆春東門出發，借道豬勝束社（今里德村，斯卡羅大股頭管轄）、蚊率埔（今滿州村，原排灣族控制），通往後山的古道，也要變成四線道？但我旋即意識到，自己只是過客，實在不該說三道四。

蚊率埔早在雍正年間，便有客家人入

婜，並與原住民通婚、定居，目前是鄉治所在，也是全鄉唯一擁有便利商店的聚落。我們落腳在鄉公所對面的小七，望著不遠處的小圓環，有數家商店環繞樹冠參天的雀榕，應該就是全鄉精華所在。

熱心的店員告訴我們，隔壁老宅是電影《海角七號》中友子奶奶的家，但隊友似乎更在意，稍早民宿主人推薦滿州必吃的臭豆腐店正確位置。獲得詳細指引後，我們走向聚落北緣一戶尋常民宅，外觀只有一張寫著臭豆腐的海報足以辨識。

酥炸臭豆腐名不虛傳，綜合豬血湯表現一般，是路過值得一嘗，但不到推薦專程拜訪的店家。由於行程落後，我建議大家盡速上路，不然抵達預定午餐的八瑤部落時，唯一的餐廳已經打烊。

時近正午又遇連續上坡，我感覺隊伍越拉越長，鑒於昨天找不到用餐地點的經驗，我決定預先聯絡餐廳。

「已經沒有菜了耶，就算你們打烊前趕到也沒有用。」聽到老闆娘的直白回應，我傻眼了，並想到是否該在連續十一公里的上坡路段，向隊友宣布這個「噩耗」？

說時遲那時快，馬路對面突然出現一間不起眼的鐵皮屋，還有塊「**娜魯灣小吃部**」的招牌，雖然室內昏暗，我決定推開半掩的門，扯開嗓子大喊，「請問有人在家嗎？」

男主人聞聲，從隔壁走過來，聽我表明來意，他爽快回應：「我老婆在家，沒問題。」

在隊友一片叫好聲中，熱騰騰的炒麵炒飯陸續上桌，心花怒放的女主人加碼問道，「冰箱還有些海鮮，要不要加炒一盤花枝？」

第 2 回

這就是台東藍

滿州—安朔

九棚村・九棚大沙漠・旭海村・阿朗壹古道

2022.4.2-4

清明前夕向晚，一行人來到恆春，預計隔天清晨直奔八瑤灣南端，位於中港溪出海口的**九棚村**。

不顧晚餐時間已到，我們趕著造訪即將關門的白羊道柴燒麻糬店，只因我任性地想看一塊從岡山空軍眷村搬來，寫著「醒村自治會會長」的木牌。

同行的素鈴不只一次造訪，覺得店內的懷舊陳設頗有意思，並未注意到我提的木牌。

「喏，就在我正後方。」趁同伴在門口挑麻糬，我詢問老闆。他有點驚訝，但也不打算網開一面，讓我入店瞧瞧，自從二〇二一年三級警戒以來，維持著只能外帶，無法內用的營業模式。

原以爲老闆是醒村子弟，村子搬遷前，特意保留充滿過去生活氣味的物件。想不到實情是，「當初聽說有個眷村在改建，丟出很多老東西，我因打算開店，連夜到村子裡掏寶……店從社頂遷到恆春，『醒村自治會』就跟著走唄……。」

開店多年，老闆頭一次碰到有顧客對一塊裝飾用的木牌窮追不捨，以爲我住過醒村，可能對我的回應「喜歡老東西，只因網路有人介紹，特地來瞧瞧」，感覺有些莫

｜恆春街頭的柴燒麻糬店，保存了岡山老眷村的記憶

名其妙。

捫心自問，如果不是電視劇《一把青》，引我爬梳岡山從清朝、日治到民國的歷史，如果不是幾個月前才途步經過，我應該不會花那麼多功夫，跑來看一塊流落他鄉的木牌……想著想著，手上熱呼呼的麻糬，還有我的歷史感都涼了。

隔天七點，事先約好接送的七人座休旅車，已停在恆春農會附設飯店前。農會附設超商不稀奇，住進附設旅館倒是頭一遭（據說位於阿里山區的竹崎農會也有）。家住滿州的司機大哥，上個月因港口村海產店老闆介紹，從前次終點載我們到恆春轉運站北返，對我們成爲回頭客很開心。

「那群離家出走的熟女又來了。」車門一關，我出聲打招呼。

「這回少了幾個喔？」司機記性眞好，接上前一趟旅程聊天的哏，當時他笑問我們，「是迷途知返的離家少女嗎？怎麼會出現在荒郊野外。」

「沒錯，有人有事，還有明天阿朗壹古道搶到的名額有限。」

「算你們厲害，今天九棚沙漠，明天阿朗壹，那今晚住旭海？」司機大哥關心行程之餘，還不忘交代，「出門在外，萬一有狀況，可以打電話給我。恆春半島是我的管區。」熱情溢於言表。

繞路九棚村，為的是橫渡南北長約三公里，由九棚溪（中港溪）與港仔溪供沙，全台最大的沙丘海岸，以「**九棚大沙漠**」為外界所知的地形。這是徒步以來第一次 Off Road，蘇醫師、素鈴、玲鳳與我都興奮異常。尤其在跨越九棚溪前，目測水深，必須脫下鞋襪，在落山風與浪濤聲中走跳過溪，再追著沖上岸的浪頭，幻化成如蕾絲點綴的水泡。

兩條溪在夏季從山上沖刷土石到海中，被分解成小沙粒。東北季風起，回送海岸，並捲起細沙上陸，在地形與植被的阻擋下，堆積成沙丘。為了避免太多沙被搬回陸地，林務局在海水不能及的滿潮線上方，用竹籬設置許多定沙牆，阻擋風攜帶的細沙，落在竹籬前後；再往內，就會長出一些藤蔓，也具有定沙功用。

一過溪，為了保護雙腳，我們立刻穿上鞋子踏沙前進，因為風不只從海裡帶沙回陸地，浪還帶回難以忽略的垃圾，堆積在沙灘。看著八瑤灣北方港仔村的房舍越來越近，

脫下鞋襪，赤足通過九棚溪出海口

開始遭遇乘駕吉普車飆沙的車隊，我暗暗慶幸，幸好我們是早起鳥兒，不用忍受喧囂。

離開沙丘前，我回頭一望，突然想起一八七一年十二月，那艘載著宮古島人，前往琉球上貢的船，回程遇暴風雨，就是漂流到八瑤灣。六十六個生還者從這裡登陸時，餘悸猶存望著沙丘，豈能預知數日後，自己遭逢此地排灣族人的命運。更遑論兩年多後，日本以此爲由出兵台灣，也就是影響這個島嶼命運的牡丹社事件。

出港仔，回到在港口村中斷的台二十六線公路，往北不遠，開始看到中科院相關的房舍與告示，顯然十分低調。這一帶是佔地達四千公頃的九鵬基地，只有試射飛彈與火箭時才會見報，眞是神秘。

一九七五年中科院進駐前，原是阿美族部落東海路舊社，徵收後安置於現在的旭海，和較早遷來的斯卡羅族一起生活。至於帶領斯卡羅族從豬勝束過來的，就是瑯嶠十八社大股頭潘阿別，而他的父親潘文杰，則是公視戲劇《斯卡羅》中蝶妹的弟弟阿杰。只不過，蝶妹是作者虛構，阿杰才是眞正的歷史人物，在日治時期一度任恆春廳參事，不久便因總督府一紙命令，失去土地與權勢，接班人還得爲了生計，北遷旭海。

如今，人口不過四百出頭的**旭海村**，是個不折不扣的民族熔爐。除了從東海路舊社迫遷的阿美族，與豬勝束過來的斯卡羅（排灣）族合計近八成，另有客家人，以及神秘的矮黑人。

說到客家人，一定要提起潘阿別爲兒子娶的客家細妹姚龍妹。在台灣山林文學界享有盛名的楊南郡、徐如林夫婦所寫的〈斯卡羅遺事〉中，提到姚龍妹從八瑤灣北端的村落港仔，坐著大花轎嫁入牡丹灣（旭海）的大股頭潘阿別家。由於丈夫早逝，姚龍妹挑起家族重擔，後來被尊爲女頭目。

龍妹過世後（一九九三），家族影響力更加勢微。雖然宗祠數年前才重建過，經過時卻是門扉半掩，荒草漫漫。我見狀，決定把故事放在心裡，默默領著同伴通過，因爲自己無法以三言兩語告訴大家，這支在兩百多年前從知本溪南遷，並與當地部落大量通婚的斯卡羅族（排灣化的卑南族），一度盛極一時，卻因清國、日本與國民政府等外來政權摧殘，文化傳承幾乎斷斲的憂傷。

走進十多年前常來的村子，我覺得有點陌生，明明村裡也沒什麼翻天覆地的建設。左思右想，原來多了許多露營車帶來的，以及提早一天抵達，準備隔天走阿朗壹古道的外地人。

我們和旭海社區發展協會指派的解說員約好，早上八點鐘在漁港碰面。

近年聲名大噪的**阿朗壹古道**，總被人抱怨不得其門而入。上回出門一回家，我立刻上網爬文，發現屏東縣政府的預約網頁，出發日前三十天才開放登記，且每日限額一百七十人。由於預定清明連假出發，也是國旅出團的高峰，我擔心自己「失手」搶輸旅行社的工讀生，連在打電話預訂房間，都忍不住跟素昧平生的民宿老闆娘抱怨，「這麼晚才開放登記，很難規劃行程耶！要是抽不中，真的要繞縣道一九九，再回南迴公路嗎？」

「試過旭海社區發展協會嗎？他們也有名額，出發前四十五天就可以預約喔。」經此指點，我喜出望外，立刻拿下預定出發日最後五個名額，並回報群組，隊友隨之震動，瞬間完成報名。

解說員兼領隊潘鄭文鐘先生，一臉淡定看著五位興致高昂的娘子軍——包括前一晚才從高雄趕到旭海加入的碧月。直到我提問「你是不是斯卡羅大股頭家族潘阿別後代」

時，他才笑回，「並不是每個姓潘的都和他家有關，好嗎？」

通通過旭海檢查哨，我們跟著領隊走了一大段產業道路，靠山側偶然瞥見廢棄的工寮、魚塭和荒廢的椰子園，都是曾經開發的遺跡，「小時候常跟著大人來這裡玩。」他淡淡說道。

「聽說還有矮黑人？」我二度提問，解說員又笑了，「我也是聽說，但沒遇過喔！」所謂的矮黑人，其實是恆春半島東岸盛極一時的傳說，隨著在地人稱作「矮仔人厝」的多處石板屋遺址發現，讓耆老口中相傳的「矮黑人長得又黑又矮，臉上還有鰓，可以潛水很久，常常攻擊船隻掠奪財物」等獵奇性說法，似乎更理所當然，完全不用學者推論，是這一帶發現的石板屋蓋得特別矮小，才衍生了矮黑人傳說……

步行近一小時，我們來到一處乾涸的溪谷休息。領隊一臉鄭重，要求我們注意兩件事。首先是保持肅靜，因爲：「過去出草的人，都潛伏在河口，等旅人卸下行裝，放鬆戒備，正好發動突擊。因此，每個河口都有人被殺害，經過要虔誠祭拜，撫慰亡靈。」接著，他要大家趁休息找個隱密處排空膀胱，「再來只有岩壁和礫石海灘，直到高遶上觀音鼻，才有樹叢。」

清光緒三年（一八七七）初夏，奉命來台查勘後山防線的官員吳贊誠，曾在奏摺

依照領隊指令，一行人順利通過阿朗壹古道沿途各種地形

裡留下「一線海灘，環繞山腳，怒濤衝擊，亂石成堆」的文字，描述八瑤灣以北的海岸地形。將近一個半世紀後，我們一行人經過時依舊如此。當較大的礁石筆直插入海中，「一線海灘」甚至時隱時現，我們必須聽從領隊發號司令，趁浪潮退去瞬間快步通過，稍有遲疑，衣褲必濕。

又過了十年（一八八七），管理南岬（鵝鑾鼻）燈塔的英國人喬治・泰勒，在斯卡羅大股頭潘文杰（潘阿別父親）陪同下，也走過這段海岸。泰勒說道，「許多岬角都伸進海浪中，我們得精明地待浪波退下。」相信每個走過古道的人，看到這段描述，莫不點頭稱是。

不同於吳贊誠與泰勒，因太陽毒辣，在毫無遮蔭的海岸走路吃足苦頭。我們通過那天，雲層雖厚，卻未落下一滴雨，海面還不時刮著風。雖然繞上觀音鼻岬向北俯瞰海岸線時，台東藍因飽含水氣變淡了，一行人卻滿心感激，老天爺賜給大家完美的徒步天氣。

跨過屏東與台東的界河塔瓦溪，領隊和大家在重回柏油路前的停車場告別，我們則繼續向北，大搖大擺地走在沒有車子的台二十六省道。進入南田部落前，太陽終於露臉，「啊！這就是台東藍！」同伴們興奮尖叫。

第 3 回

神秘的請託

安朔—太麻里

富山部落・大鳥村口音樂燒烤酒吧・多良車站・金崙民宿

清明節後某日，我先生下班從醫院帶回一個神秘信封，並口頭轉述開刀房某同事交代：四月二十三日是我的徒步夥伴，也是他的妻子蘇瑞珍醫師六十歲生日，因爲她堅持要出門徒步，請我委託民宿老闆，幫他及孩子買蛋糕慶生。

收到這樣的請託，我開始搜尋民宿周邊商店。蘇醫師生日當天預定停留的地方，是活用南迴線瀧溪車站旁閒置的台鐵員工宿舍，最近的社區是排灣族的大溪部落，至於最近的麵包店，則在十四公里外的大武……

「可以從高雄宅配喔！」我找隊友素鈴商量，決定從高雄的名店訂蛋糕，「民宿老闆幫忙簽收就好。」素鈴氣定神閒回道。

生日前一晚，蘇醫師、惠貞、妹妹和我四人搭高鐵轉南迴鐵路到大武，再換公車到上回終點安朔。一下車先嗅到空氣飽含水氣，接著聽到遠方的雷聲，我要大家跑起來，搶在大雨落下前抵達民宿。趁蘇醫師去盥洗空檔，我趕緊拿出生日卡片，請隊友簽名。

「好興奮、好緊張。」惠貞邊寫邊念，我要妹妹預先想好要寫的祝福語，節省時間，同時盤算隔天路上要怎麼遞給從高雄、從台東兩地搭火車到大武會合的素鈴和雅仁、旖旎夫婦。

服務於台東榮民醫院的心理師雅仁，是我十多年前的同事。從二〇〇八年到二〇一一年，我們一起承接台東地院委託的司法精神鑑定與監護處分（原稱禁治產）評估案。由於後者幾乎都得到民眾住處或養護機構進行，已移居台東多年的雅仁，就帶著定期從台北過來的我，在幅員遼闊的縣境內上山下海，執行任務。

和我相反，雅仁的妻子旖旎，則週週到台北的大學任教，且多年不輟。「通勤很辛苦吧？」每個剛認識的朋友都這麼問，她一律笑著回答，幸好是大學老師，只要時間管理恰當，「還可以週休三日。」

從大武下車的雅仁旖旎一路向南，和從安朔出發的我們在途中相會後向北折返，我默默估算兩人腳程，「根本是勇腳版的神鵰俠侶」！

經過南興公路休息站，我又趁蘇醫師去洗手間，鬼鬼祟祟掏出生日卡，讓剛剛加入的兩位簽名，整支隊伍瀰漫著不可言說的興奮氛圍。

即將進入大武市區，看到一排外觀整齊一致、有住家有教會的建築群，不似一般部落，我推測是二〇〇九年莫拉克風災後的永久屋。隨手一查，才發現他們是從北方十公里的**富山部落**遷來的，還有族人證言，「這大概是第九次遷村了」，「遷村到這邊我們就沒有所謂的『原住民傳統領域』」……我不敢想像，這群離開土地的原住民如何

達仁鄉安朔部落的紅藜田

生活！

從高雄搭車過來的素鈴，已在大武的小七等候，隊伍也趁機在便利商店會合點稍事休息。我趕緊蒐集最後一個簽名，放下心中第一塊石頭，再聯絡前方的**「大鳥村口音樂燒烤酒吧」**，那是稍後用餐與休息的地點，也是南迴公路出了大武至大溪間唯一營業的店家。儘管日前已經確認，萬一臨時公休，我們可不想在三十度正午豔陽下捱餓走十多公里路。

大鳥雖然離大武不遠，千萬別小覷東台灣四月太陽的威力，行進不到半小時，已汗流浹背，所幸經過一段緩升坡，就看到一間樸素的鐵皮屋，坐落在拐進大鳥村的產業道路旁。

當我們落座戶外用餐區，隔壁桌的原住民朋友已進入餐後卡拉ＯＫ時間，年輕人飆高音不稀奇，嗓音充滿磁性的大姐一開口，眞的是如假包換的「音樂酒吧」。眾人嘖嘖稱奇之際，我忍不住分享，十多年前到另一個部落作客，曾不知死活搶下麥可風，還好唱得中規中矩，不過仍被原住民朋友調侃，「妳沒開口前，我們可都冷汗直流……。」

原住民朋友離開後，剩我們發懶，直到雅仁發現原本是萬里無雲的台東藍天空飄來雲層，「該出發了。」他提醒大家。

出發不到一小時便烏雲密布，不久，大夥兒得穿上雨衣行進。經過加津林部落，我們發現對向南下車道有家店大門敞開，決定橫越馬路進去躲雨。

不像多數西部店家，因新冠疫情不讓顧客逗留，雜貨店主人見眾人一身濕，熱情招呼我們進到屋內，任大家圍著一張大桌子聊天躲雨。好巧不巧，一通電話進來，原來是民宿主人通知宅配的蛋糕到了，並詢問我們徒步的進度。

我趕緊起身到屋外，一併回覆她代隔壁簡餐店老闆詢問的晚餐細節，再若無其事地回到座位，「保守了這麼久的秘密，差點兒功虧一簣啊。」我心裡暗想。

直到雨勢變小，我們繼續上路。由於事情一切就緒，即使雨勢忽大忽小，我心裡已能一派輕鬆地朝大溪部落前進。

推開半掩的木門，一行人走過小巧的庭院，入玄關脫鞋時，經營民宿的年輕女孩連忙從二樓下來迎接。

台鐵宿舍原本的格局一樓是客廳，變成主人手作現場與作品展示空間，二樓有兩間房，一間自住，另一間開放作民宿。

「只有一個女孩子家，要小心投宿的客人啊！」蘇醫師忍不住關心主人的安危。

「會的，我只收兩個女生或情侶，不收男客人。」女孩語帶感謝繼續說道，「因爲你們有三個女生要來，開幕兩年多，還沒遇過客人要求加床，我特地去台東市區買寢具，相信以後也會用到……」

「最後出發增加到五個人喔！別擔心，我們會分開住，另外兩個住金崙。」我一邊回答一邊推量，這位靠著手作與分租房間過生活的外地年輕人，應該有不少故事，卻基於禮貌，不好打探。

「不好意思，這裡沒那麼多椅子，讓大家坐下來聊，不過隔壁餐廳的老闆，歡迎你們先去坐坐。」因她介紹，我決定在新開幕的簡餐店晚餐，前幾天已透過社群軟體點餐。

「蛋糕在隔壁冰箱，會如妳交代餐後送上。」女孩跟走在最後的我小聲說道。

老闆夫婦年紀較民宿女孩稍長，他們剛離開基隆，落腳瀧溪作複合式餐飲，提供咖啡和數種西式主菜搭配主食的簡餐，包括須預先做好的「吉納福」。

蘇瑞珍醫師沒料到眾人在南迴鐵路瀧溪站旁餐廳，為她慶祝六十歲生日

一聽到原住民食物，出發前問也不問就選了。直到出菜，眾人如謎底揭曉「哇」的一聲後，才問起老闆，「看起來好像阿拜（也是原住民點心）。」快手快腳的旖旎，邊拆月桃葉邊問。

「阿拜會將糯米磨成漿摻小米，吉納福是直接混合包好蒸煮。」老闆簡單說明兩者的差異。

「這麼說來，吉納福比阿拜更像漢人的粽子。」常做菜的旖旎繼續加上註腳，「作法類似南部粽。」

送上餐後飲料前，老闆端出蠟光搖曳的生日蛋糕，大家不只「哇」得更大聲，還用力拍手，唱起生日快樂歌。一臉驚喜的蘇醫師望向「主謀嫌疑人」，我才和盤托出她丈夫交代的秘密任務，以及我和素鈴如何分工等細節，氣氛嗨到最高，差一點兒誤了雅仁旖旎夫婦回台東，還有佳蒨、惠貞北往金崙的末班火車。

｜依山傍海的多良火車站廢站後，反而成為熱門景點。可惜我們經過那天，因土石流關閉

兩間民宿相隔九公里，已是地理距離最近的安排。隔天七點不到，佳蒨已搭最早班火車南來，和我們一起再訪多良車站。

「不到二十四小時，妳經過多良兩次了呀！」我忍不住尋自己妹妹開心。

「拜託，就算是區間車也跑很快，在車上連拍照都來不及！」

四人嘻嘻哈哈，先進部落吃早餐，再做好防曬，朝六公里外的**多良車站**前進。嚴格說來，應該叫多良廢站，因爲二〇〇六年起已廢止客運業務，卻因無敵海景，變成南迴公路必遊景點，甚至吸引當地居民前來擺攤，鄉公所還酌收遊客清潔費。

看到多良車站的指示牌，左轉離開台九線，因爲這一帶南迴鐵路採高架興建，要爬一段陡坡。原以爲前兩天下雨，加上地勢陡峭，才有泥水不停流下來。未料，一轉彎就出現告示，「多良車站因清理豪雨後土石，臨時休園兩天。」

「想不到是前天深夜那場雨引起的土石流！」我讀著告示，想起住在安朔那晚，雨聲錚錚淙淙打在民宿屋頂，惠貞擔

｜上：從舊南迴公路眺望高架通過金崙部落的金崙大橋｜下：鐵公路平行跨越太麻里溪

心公路會不會半夜坍方，我還笑著說，在台東碰過八八風災，已沒什麼好怕了。

一行人繼續向北，並傳訊息通知在前方**金崙民宿**等候的惠貞，約定在部落內的小七會合，既方便大夥兒休息，也順便支持新聞曾報導，因南迴公路截彎取直，生意大受影響的便利商店。

「作業做完了吧？」一見到惠貞，我立刻問第二個背著筆電徒步的隊友，因爲公司臨時交付一份報告，讓她一度掙扎，是要放棄這回徒步，還是帶著筆電利用時間完成。

「已經有個樣子，今晚回台北再熬夜，應該可以交差。」我認識惠貞多年，深知她個性溫婉意志堅強，只可惜金崙溫泉，住在這裡卻沒盡情享受。

沿著穿越部落的舊台九線，我們慢慢爬升，重回採高架工法通過金崙溪的南迴公路（現台九線）。稍喘口氣，繼續面對眼前看不到盡頭的上坡，還有越來越高的日頭。

我越走越慢，離眾人越來越遠，便回想起十多年前東部行醫種種，來爲自己打氣。記得當年開車經過這一帶，要重踩油門直到翻過山頭，就能俯瞰美麗的海岸線和太麻里市區。雖然胡德夫傳唱的《太平洋的風》，今天並未伴我行，但最後在高點看到休息等候的隊友時，儘管氣喘吁吁，卻覺得眼前「千古的峰臺和平野」，還有「壯麗的椰子國度」，比過去更迷人。

第 4 回

對著聖山祈禱，一路平安

太麻里—初鹿

太麻里平交道・華源國小椰林道・天空之鏡・台東大學圖書館・旭村・馬蘭榮家・初鹿牧場・都蘭山

南迴鐵路電氣化後的太麻里平交道，多了限高欄架的風景，不似過去開闊

夏日將盡，秋老虎發威，卻阻擋不了甦醒的徒步魂。我搶在台鐵購票網站開放第一時間，號召隊友協力預訂東幹線來回車票。

未料，（二〇二二年）九月十八日午後驚天一震，鐵路傳出災情，花蓮台東交通中斷，只能靠號稱「類火車」的巴士接駁。

「橋斷成那樣，走路安全嗎？」

「類火車太折騰，會暈車啊！」

隊友在群組七嘴八舌。

「其實，震央離台東還有幾十公里，我們每天正常上下班喔。」預定參加本次徒步的慧珍，回報了最新狀況，她是台東榮民醫院的社工師，也是我浪人醫師時期的工作夥伴。

「打算改搭飛機如期出發，但尊重每個人的考量。」我率先買好票，公布搭乘班次，隊友旋即跟進。只是辛苦在地的雅仁旖旎，除了安排住宿，還得開車接駁我們回到四月的終點，距離機場超過二十公里的太麻里火車站，和從高雄搭火車前來的素鈴會合。

回歸台九線沿太平洋向北行進前，眾人不可免俗地繞道車站北方知名網美景點，酷似《灌籃高手》劇中臨湘南海岸的**太麻里平交道**取景，可惜南迴鐵路電氣化後，天空多了幾條電線，仍不減隊友興致，可能只有我掛心：午休將至，還找得到用餐的地方？

幸好省道旁有家台越家常菜餐廳不休息，身兼廚師的老闆娘不僅色藝雙全，待客更是無話可說。眾人大快朵頤，差點兒忘記方才在火車站放下我們的雅仁旖旎，已開車載著眾人的行李，先到當日終點停車，正在揮汗向南徒步，前來會合……

看到來電顯示，我連忙揩揩嘴角油沫，有點兒心虛地回應旖旎，「正要出發。」再催促隊友上路。而下個停留點**華源國小椰林道**，也是有名的網美景點。

南北兩路會合後，大家跟著雅仁拐進南迴舊線，既能避開車流，又有綠樹遮蔭。記得他隨手指著一間荒廢民宅，提起兩三年前曾受法院委託，來替失智的屋主進行監護處分評估。三言兩語，徹底勾起我的台東記憶，當年兩人就是這樣上山下海到府服務，省去病家舟車之苦。

新舊線一合併，雅仁忙不迭指引大家在第一個路口左轉，一見椰林大道，隊友再度

｜南迴公路旁的椰林，充滿熱帶風情

騷動，開始嘗試各種取景角度。我不習慣擺拍，便走向閒置校舍一角，對著傾圮於草叢的蔣介石銅像發楞；又想起《國家文化記憶庫》網站上，有張一九七〇年拍攝的華源國小第二十二屆畢業照，還有一段「當地居民胼手胝足到附近海灘搬石頭，整建校地喜迎從『大王國小分校』獨立」的簡短口述史。只不過隨著人口外移、老化，華源國小已於二〇〇一年遭台東縣府裁撤，直到近年校門口直通太平洋的**椰林道**，才因網美取景爆紅。

一出華源村聚落，產業道路陡升，雖然離觀景台只有兩公里，足夠讓每位隊友「面紅耳赤」、氣喘吁吁地走向第一天徒步終點，也就是傳說中的**天空之鏡**——一個爲了

｜上：華源國小椰林道是網美打卡景點｜下：華源國小廢校後的蔣公銅像

｜華源觀景台：要通過天空之鏡懸空的邊坡，需要勇氣

灌溉建造的大型蓄水池，以倒映天空景色的池面聞名。爲了取得最佳拍攝角度，入鏡者則須走到面海懸空的池壁上。旖旎平衡感最佳，率先以凌波微步之姿繞池一圈，接著通過的隊友姿態不一，有的像機器人，也有人像在走鋼索，只有我敬而遠之……

天色漸漸昏暗，雅仁旖旎提醒大家上車，準備前往位於台東市北郊將連泊兩晚的民宿。我原本想依過去慣例，就近安排住宿，因爲這樣的安排，必須仰賴兩人不斷地來回接駁。幾經討論，我才被老友「想和大家分享自己喜歡的夜景」的心情說服。

車過卑南溪，來到坐落於海岸山脈南端尾稜，向東面對志航空軍基地的秘境，兩夫婦又忙著從冰箱與冷凍庫，拿出早上先載上山的食材，開始初秋的ＢＢＱ夜宴。

正當大家人手一瓶啤酒，七手八腳忙著烤肉、聊天和吃東西，突然發現蘇醫師兩頰緋紅，靜靜坐在院子一角的躺椅微

大家在民宿忙著烤肉，幾乎忘記抬頭欣賞志航空軍基地的夜景

笑，根本不理我們的召喚——原來，不勝酒力的她醉了。直到我們完食東道主精心準備的食材，開始進入飯後甜點時間，享受碧月從台北帶來親手烘焙的點心，終於看到蘇醫師悠悠轉醒，眾人一致同意，「今晚醉可愛」，非她莫屬。

隔天，雅仁旖旎各開一部車，從山上民宿接駁我們回到華源海灣，特意繞路**台東大學知本校區**，參觀**圖書館**。

這座造型猶如金字塔的綠建築，一樣是知名的網美打卡點，二〇一七年啟用後，被建築師網站推薦爲全球

台東大學知本校區金字塔圖書館前，隊友來張人體同心圓合照

八大特色圖書館。

旖旎突發奇想，讓隊友一起躺在金字塔前的草地，用身體排成一個同心圓，再命令唯一的男士雅仁跑到高處，爲十位女士拍下別出心裁的網美照，我在仰望藍天片刻，心想若外星人從高空觀察到這番光景，不知解讀成何種訊號？

收起玩心，兩人繼續載著眾人回到昨天徒步終點，開車回頭，於六公里外預定午餐的知本市區停好車折返。神鵰俠侶再度展現驚人腳力，一行人前進不到兩公里半，他們又到了。

嚴格說來，今天的日頭不算是秋老虎，但頂著台東的太陽走路，終究是一大考驗。正當隊友間距離慢慢拉長，台九線也在過知本溪後，陸續出現樹蔭與店家。買杯手搖飲、再宅配農會特色土產回家，路途就沒那麼辛苦。

正午，我們在羊肉爐店充分休息，並等候首次參加的敏惠從機場趕來。敏惠是玲鳳的高中同學，因同住家人確診 COVID-19，須自主管理七天至今日零時，雖然隊友不介意她提早半天解除隔離，她仍決定延後一天出發。

離開知本市區，也是斯卡羅人四百年前遷移的起點卡大地布部落，我打算暫時脫離台九線，先沿台十一線向北走到卑南溪南岸，再回山線，進入花東縱谷。

台十一線開發始於清光緒三年（一八七七），台灣鎮總兵吳光亮銜沈葆楨之命，率兵工從卑南出發，歷時兩年，一路向北到大港口（花蓮豐濱港口村）。這樣一條歷史大道，豈容像我這樣的歷史控錯過？然而，「秋收時節走過一片金黃縱谷」的意念卻一直糾纏，直到車票預購前夕，才做出「取山線、捨海線」的決定。

因此，我得好好把握今天下午的徒步，尤其是利嘉溪北岸，有一百多年歷史的日本殖民村「**旭村**」。儘管村裡只剩一座石燈籠，可當我們走進棋盤式規劃的農路，穿過綠油油的水稻田，坐在路旁供人乘涼的茄苳樹下，聽到幾聲蟬鳴劃破寧靜，讓人不禁想像，無論是戰前來自日本新潟、還是戰後來自台灣西部的移民，應該和我們看到一樣的風景……

第三天是星期天，雅仁旖旎上教會服侍前，將我們載到海濱公園附近的三姐妹米苔目店吃早餐，交棒慧珍彥宏一家。出發前，雅仁建議我們，出了台九線茄苳樹綠色隧道路段，一過賓朗村，就右轉東四十六鄉道，除了可以到美濃冰品休息，避開省道車潮，且一路有綠蔭。我僅記在心，並將他用 Google 地圖標好的路徑傳給隊友。

眾人由我另一位在地好友，也是精神科同行的林知遠醫師領頭穿越市區，預定在誕生九位金曲獎得主的南王（普悠瑪）部落休息。然而，出發半個多小時，就有幾位隊友坐在路邊騎樓，待押陣的我和慧珍經過時，表示體況不佳，想直接搭公車到台東原生應用植物園，也就是中午的用餐點會合。慧珍用電話告知待命的彥宏，開車過來接隊友，還有自己趁機發懶的兒子。

「先到南王吃豆花，若確定要搭車，附近正好有公車站牌。」慧珍做完安排，和我繼續追趕前方隊伍，因爲知遠來電告知，將帶隊友到台東榮民醫院看看，也就是抵達南王前，增加一個休息點。

其實，知遠只是帶著隊友，到緊鄰醫院的**馬蘭榮家**休息，成立將近六十年的榮民之家，也是我在台東工作三年半期間，固定訪視的工作地點。坐在花木扶疏的園區，我想起當年的直屬長官，也就是遊說我來台東行醫的知遠說過，需要照顧的榮民伯伯不肯到醫院身心科，我們就去看他……往事歷歷，並不如煙。

終於抵達南王，只剩彥宏在豆花店，轉達原本想搭公車的隊友，已相偕徒步出發。豆花店是慧珍國中時通學必經的店家，連我都可以感受到，年邁的店主看著她一家人與新朋友上門光顧的眼神，分外慈祥。

連接南王與下賓朗的道路，就是綿延兩公里的茄苳綠色隧道。族名 pinaski 的下賓朗，意思是上斜坡，從綠色隧道北端大約連走八公里上坡，就會抵達植物園。

由於隊伍拉得太長，我已無法確認，隊友是不是全數如預訂計畫，右轉直通植物園的鄉道。雖然東四十六沿途美不勝收，我因部分隊友短暫失聯，無心瀏覽。

所幸眾人各顯神通，或搭車或走省道或轉進鄉道，平安會合植物園，午餐後再遊附近的**初鹿牧場**。我仰望著不遠的**都蘭山**，心中默默祈禱，聖山裡仁慈的祖靈，請保護我們這群白浪，一路平安。

第 5 回

新書分享會

龍過脈—池上

台東三省堂書局・鹿野溪・龍田村・茶金茶園・鹿野火車站・瑞和火車站・溪埔部落

在台東三省堂書局舉行新書分享會，合影的小讀者全神貫注參與

「吳醫師，我頂下一家書店，徒步經過要不要來坐坐？」心理師芳嫻傳來訊息時，我驚訝不已，出版業大蕭條，連誠品書店都撤離台東，「妳怎麼逆勢入坑？」

「其實，想讓精神病友有個地方活動，一直是我參與台東康復之友協會事務的心願。」芳嫻的書店不只賣書，也是精神病友復健與家屬聚會的場所。

「可以辦新書分享會嗎？我剛將徒步台灣西海岸的筆記，整理成《一路向南》出版……」

於是，二〇二二年十一月第一個星期五晚上，我在**台東三省堂書局**，舉辦了一場溫馨的小型新書分享會，隊友們不僅和我一起走路，還犧牲逛夜市的時間前來捧場。

那天夜裡，台東開始下大雨，東北季風已經南下。由於天快亮時雨勢稍歇，我們決定如期出發，在轉運站與雅仁旖旎會合，搭上「東台灣客運」的早班車，前往上回終點，台九線上的龍過脈公車站。

附帶一提的是，我們在轉運站候車時，發現熟悉的鼎東客運不見了，才知道成立四十多年的客運公司，今年八月一分爲二。不過，多年來山線與海線的客運調度，一直是兩個團隊各自運作，只是當年硬被上級湊成一家公司，終於迎來獨立的時刻。

車還沒出台東市，天又開始下雨，窗外的茄冬樹綠色隧道迷迷濛濛，我的心情再度搖擺：該相信天氣預報，九點以後就沒有雨了？

行過初鹿，雨似乎變小，心情又擺回照原定計畫出發那一邊。一下車，隊友們自動撐起雨傘穿好雨衣，從卑南族分布最北的龍過脈部落出發。

公路向北不到兩公里開始左拐，溯**鹿野溪**前進，準備由新鹿鳴橋過溪。原本打算沿舊台九線，繞一段路經過上游造型優美的舊鹿鳴橋，無奈天氣不佳，還是務實放棄。

從新橋看著腳下灰濁的溪水，在布滿礫石的寬闊河床亂竄，一路奔向五公里外的卑南溪，我試著想像，這一帶曾有數不盡的梅花鹿，或奔馳在河階兩岸的高台，或到溪邊戲水，直到一九六九年捕獲最後一隻野生幼鹿，從此只剩下初鹿、鹿野、霧鹿等以鹿爲名的地名。

「旖旎，當年你們應該來這裡公演一場，才有臨場感。」我向前方穿著雨衣快步向前的旖旎呼喊，她是建國百年紀念歌劇《逐鹿傳說》的女高音，我還特地進國家戲劇院觀賞。

旖旎聞聲回眸，笑我記性好，但回了「都那麼久的事」之後，聲音就隨風飄走，讓我不知如何答腔。即使後來得知，近年梅花鹿復育有成，我仍希望人們記住台東，不，應該是全台灣的平原，都曾是梅花鹿的棲地。

過了鹿野溪，路旁就是喜劇演員「脫線」一家經營三十年的牧場。雖然小有名氣，但因非用餐時間經過，且脫線本尊數月前已登出人間，我們決定略過，把時間留在**龍田村**閒逛，尋找百年移民村的遺跡。

現在的龍田、永安兩村（日治時期的鹿野與鹿寮），還有上回經過的旭村，是台東製糖株式會社一九一五年起陸續開發的三個移民村。後因遭逢一九二〇年代世界性經濟不景氣，公司瀕臨破產，總督府不得不出手相助，直到二戰結束，日人戰敗引揚離去，留下完整的棋盤式街道與相對鄰村完善的生活機能，繼續吸引來自西部農村的島內移民。

近年，為了容納夏天前來熱氣球嘉年華的遊客，各色民宿如雨後春筍，矗立於村內主要道路光榮路兩側，但我們更想看到的是百年的小學校園、庄役場（相當現在的鄉

位於鹿野的茶葉改良場，台劇《茶金》在此取景

公所），還有宮廟旁基座殘存的重建神社。只不過實際參訪後，我反而覺得，簇新神社建築旁，祭拜瑤池金母的崑慈堂，紅瓦老樹更有韻味。

「帶你們去看《**茶金**》出外景的茶園！」雅仁旖旎領著大家，穿過南北向的綠色隧道，改走和光榮路平行的龍七路，便會經過茶葉改良場台東分場，《茶金》劇中男主角溫昇豪ＫＫ，就在種植四十年，樹高達五公尺的阿薩姆種茶樹的茶園取景。但隊友顯然不夠入戲，沒人想走進茶園，復刻劇中的印度大吉嶺風光，只想趁著雨停多走路，便沿著產業道路，回到省道。

過了**鹿野火車站**，原本平行的鐵路與省道，在過鹿寮溪前分道揚鑣。我們選擇靠近鐵路的鄉道前進，通過鹿寮溪與皐南溪形成的沖積平原。根據客庄聚落村史《大原風情》記載，最早來這一帶開墾的是恆春阿美族，日治初期被選爲移民村預定地後，才改稱大原地區。然因各種因素，定居的日人遠遠不及鹿野一帶，原、閩、客才是主流。可當我實際走過，除了路旁幾座原民部落標示，更像是進入客庄。說著說著，天又落雨，一行人快步往前方的瑞和火車站避雨。

瑞和火車站雖有百年歷史，卻因客貨運衰退，一九八九年已降爲無人招呼站，近年則由瑞和社區發展協會，活用閒置站舍。候車室牆上，以海報展示大原地區過往的產業與生活，以及東線鐵路各站老照片；原本的售票處，改賣咖啡與土產；至於印象中的藍色塑膠候車椅，則改成重新塗漆的彩色課桌椅，供等車與路過旅客休息。

曉卉剛解除 COVID-19 的隔離，自忖體力尚未恢復，決定從這裡搭車到關山，先進民宿休息。我點點頭，並詢問是否有隊友想與她同行。雖然下一站就是關山，兩站相距達七．四公里，且公路里程只會更長，確實是考驗。

「時間還早，等雨小一點再出發。」眾人士氣高昂，送曉卉上車後繼續在候車室閒聊，不知怎麼聊到家父失智初期，狂找一位叫陳秋霞的學姐。

當年先進師範，服完公費再上大學的父親，有陣子老往台中教育大學旅北校友會辦公室跑，把承辦人員弄得不知如何是好。妹妹看他對陳秋霞朝思暮想，懷疑父親口中的學姐，不知是當年初戀、還是暗戀的對象。

「失智者描述事情時，有時眞眞假假，我們稱這種現象叫做『虛談。』」正當我醫師魂上身，談起精神病理，蘇醫師突然回應，「我婆婆叫陳秋霞，是台中教育大學，也就是台中師範校友……」

眾人一陣尖叫後，連忙確認雙方歲數與相關細節，幾乎要認定蘇醫師的婆婆就是家父學姐，候車室瞬間充滿遙遠甜蜜的粉紅泡泡。可惜兩位長輩都已失智，就算安排見面，應該無法確認六十多年前的往事。

「雨停了，大家出發吧。」雅仁提醒大家上路，不久，雨神再度同行，且比休息前下更大，加上假日省道車流量大，我已分不清身上的水是路面飛濺，還是從天落下。

想不到進關山前，台九線還有一長段爬坡——明明平疇沃野，公路卻爲了跨越溪流與鐵道，採高架通行！我們精疲力竭地走進關山火車站，先送雅仁旖旎搭車回台東，再由開車前來會合的慧珍，分批將我們載到民宿，即使只有數百公尺的距離，沒人想再多走一步……

天還沒亮，我被打在屋外雨遮上的雨聲吵醒。即便一夜好眠恢復體力，我還是查妥當天上午關山往北的車次，以備隊友起床後，決定改搭火車之用。早餐時，蘇醫師果然問起車班，我立刻回應：「如果要坐火車，可以去睡個回籠覺，十點再出門，時間綽綽有餘。」

蘇醫師想了一會兒，最後決定穿起雨衣，跟大家一起出發，她計畫先走到鎮外的親水公園，倘若天氣還好，就繼續走下去，不然就回車站等車。結果過了公園，雨還是一陣一陣，她也沒打退堂鼓，全員於是左轉與台九線平行的東七鄉道，因為省道又要經過一座數十公尺高的德高陸橋，沒人喜歡一出門就爬坡。但我必須承認，東七也不是原本計畫進池上的路徑，我想帶的其實是繼續往東過卑南溪，沿海岸山脈向北的一九三縣道。因為看到東邊天空遮蔽山巒的厚厚雲層，我臨時放棄，卻擺脫不了雨神的糾纏。

擔心隊友士氣又被雨水澆熄，我開始喊話，「前方兩公里有家商店，Google 顯示營業中，休息一下再上路！」

其實，我並沒有那麼篤定，一路默念著「要開門」。一路向北以來，不只一次發現，Google Map 的商家資訊僅供參考。直到遠遠看見有個老伯提了一大瓶乳白色液體走出店家，心中石頭終於落了地。

眾人躲在店前的遮雨棚休息，另一位老伯熟門熟路進入店內，不一會兒，也拎著類似的飲料離開。

「看來是關山『特調』。」從事社工多年的慧珍問老闆，他慷慨提供的配方是：「米酒一瓶、國農鮮奶兩包、再加一包咖啡廣場。」

「以前流行加罐裝伯朗咖啡，或是莎莎亞椰奶。」我補充道。

「每個地方加的都不一樣。」老闆加入對話，滿足我們各種好奇心。當佳蒨指著牆上「阿美米」的標誌，他驕傲地回應：「那是我家的米，有零售用的小包裝，也可以宅配。」

帶著「產地直送」的期待離開一片金黃稻浪的**溪埔部落**，我突然有種感覺，這裡的風景與人情，應該不輸全台知名的伯朗大道吧。

沿東七回到台九線，過卑南溪前出現向右往池上，向左去海端的叉路。從日治時期的里壟支廳到現在，關山、池上與海端其實是一個生活圈，直到近年池上才異軍突起，躍上全國舞台。有學者研究這樣的現象，認爲是從具有地方意識的居民，運用池上米產地認證，保存錦園、萬安一帶稻田無電線桿景觀，再加上大企業廣告取景，造就了伯朗大道與金城武樹等景點……一步一步變成今天的池上。

經過半天徒步，我們已飢腸轆轆，應該沒人想聽地方創生的故事，我決定直奔市區午餐，飯後再沿著雨後的大坡池散步。可能連續兩天雨中徒步，消耗太多體力，伯朗大道與金城武樹也失去吸引力，大夥兒決定提早搭車北上富里，再轉乘接駁的「類火車」，好在回台北前有更多時間，享受玉里美食。

｜上：關山鎮溪埔部落的雜貨店老闆（左一），向我們介紹自家生產的阿美米，還有居民的特調飲料配方｜下：通往瑞和車站的原省道旁，都是結實累累的金黃稻田

第 6 回

走一條伊能嘉矩時代不存在的路

池上—三民

卓富公路．金城武樹與伯朗大道．隘勇線．富里長老教會．擺渡之家．
秀姑巒之家．客人城．玉里神社

2022.11.18-19

我在往玉里的 EMU3000 新自強號車上，一個人隨意瀏覽伊能嘉矩的《台灣踏查日記》電子書，突然想起他也是在十一月，從卑南（台東）一路走到花蓮。一八九七年，伊能從西岸的射寮港（車城）搭船繞過鵝鑾鼻，自卑南上陸後一路北上，除了大埔尾（瑞和車站一帶）後取道雷公火（電光）到新開園（池上），幾乎和我的路線一模一樣。但我今天要繼續他的路線，從新開園經公埔庄（富里）、大庄（東里）、到璞石閣（玉里）嗎？

如果沒發生九一八玉里地震，我一定毫不猶豫踏上這條歷史之道，並把重點放在「大庄事件」現場。清廷沈葆楨開山撫番後，因撫墾局官員丈量土地不公，一八八八年引發大庄居民聯合新開園、里壠的頭人一起反抗，除了縱谷庄社陸續加入，還獲得海岸地區的阿美族部落，與台東平原的卑南族呂家望社響應，勢如破竹，直搗卑南廳署（相當現在的縣政府），搞到清廷不得不派出海軍統領丁汝昌，率領兩艘巡洋艦，從台東外海砲轟，才漸漸取得優勢。

伊能嘉矩的日記裡，提到大庄的主要居民是平埔蕃，早年爲了避難，從舊鳳山縣（高屏）或走山路或經海路移民。但歷史會重演，漢人在前山虐待平埔蕃的事實，已在後山重演，伊能指的就是大庄事件。

我很享受一個人思緒恣意跳躍的時光，只是徒步以來，蒙隊友支持，每次在網路社團貼出行程，總有人同行。想想最後一次單獨出門，已經是一年多前，直到這回才又一人上路。

車過花蓮，今晚預定入住的民宿老闆來電，確認我是否如期出發，並傳來地震後玉里周邊的替代道路地圖。

「妳從池上若走台九過來，原本會經過的長富大橋斷了，得改走便道，務必記得在五點以前通過，鄉下天黑特別快，那裡又沒路燈，有點恐怖。」老闆娘殷殷提醒。

「如果從富里改走靠山邊的卓富公路，路況如何？」

「那邊沒聽說有什麼災情……還有，台九線從玉里到東里間，因爲災後重建，有很多水泥車與工程車進出，經過請小心！」

我掛上電話，決定走一條伊能嘉矩時代不存在的路，也就是沿著一九一五年日本殖民政府爲了圍堵布農族構築的隘勇線，後來的**卓富公路**前進。

池上車站下車後，我細細欣賞二〇一七年重建，以穀倉爲造型意象的站舍。做爲迎客玄關，車站的設計正好呼應池上開全國稻米產地認證之先，並以池上米爲底蘊，成功行銷各種觀光活動的故事。

兩星期前，隊友決定略去的**金城武樹與伯朗大道**，我其實從未去過，總覺得有些缺憾。估算時間與路程，我決定從站前租腳踏車去繞一圈，回程再吃個池上飯包，克盡觀光客義務後再上路。

年度盛事秋收稻穗藝術季落幕後，稻作已迅速收割，卻不減遊人興致，若想單獨與金城武樹合照，必須等候。而我因一路經過太多「類金城武樹」，已不想湊熱鬧，便騎車默默經過，進入錦園村，這裡是東線鐵路通車前，縱谷南部的行政中心，也是大庄事件後，清廷鎮海後軍前營駐紮之地。雖然事前查過清軍營盤遺址位置，但時間有限，就不專程前往。

回到火車站前還車，我穿過車行地下道，從鐵路西側開始徒步。出了村子過一條溪，便是台東花蓮縣界，路標從東三之一變成花八十一鄉道，兩旁等待收割的稻田，似乎漸漸多了起來，我內心咕噥，「不過向北走了幾公里，稻子生長好像變慢了。」

東線鐵路西側有兩條鄉道，緊貼中央山脈山腳的卓富公路（花七十五），才是當年的**隘勇線**，也是現在富里與卓溪的鄉界。根據鄭安晞教授調查，當年為了封鎖原住民，防止腦寮等設施遭到襲擊，構築了一條架有通電鐵絲網、配備警用電話專線，跨花

長良民宿窗外的風景，山嵐繚繞的是海岸山脈

蓮港、台東兩廳，長達七十多公里的隘勇線，現在的卓富公路，只是其中一段。

但我不想全程隘勇線，打算富里休息後再轉卓富公路，順便看看拉皮成穀倉造型的火車站，和打掉重練的池上站有哪些不同。

深秋午後，鄉治所在的富里街道靜悄悄，走馬看花經過幾家歇業的旅社，還有鄉公所與移作巡守隊使用的老屋，我覺得個個耐看，遠勝許多整修後面目模糊的西部老街。

最吸睛的是一棟被綠蔭重重包圍的教堂，也是數度傳出拆除危機的**富里長老教會**。歌德氏風格的禮拜堂，其實已是一九五一年強震後改建的二代建築，由於內樑結構出現龜裂，教友們正在募款，一旦達標，極可能拆除重建。

「如果能透過文資指定，由政府協助保存

｜左：池上金城武樹前排隊等候照相的遊客｜右：歌德式風格的富里長老教會，面臨拆除的危機

修繕，解決安全與使用的困境，不就能把珍貴的歷史建築保存下來？」離開教會時，我邊走邊想，不久便看到往火車站的指標，緊接著是穀倉意象的站舍。

同樣是穀倉，池上是日式，富里比較「台」，且受制於舊站體，內部設計相對「安分」，遠眺卻與地景渾然一體，完全相融。相較上半年經過的瀧溪、太麻里站，仍維持南迴鐵路通車時功能取向的混凝土結構，池上與富里，值得一遊。

跨過車站北方的明里大橋，進入卓富公路後，距離長良的民宿還有十四公里，一路車輛稀少，我是唯一徒步的旅人。儘管眼前盡是牧歌般的田園風景，我卻不時想到一百年前理蕃的通電鐵網。

天色果如民宿老闆娘所言，霎地暗了下來，好友林知遠醫師來電詢問走路進度，計畫開車接我到玉里鎮上用餐的時間，「吃飽飯順道去看兩個社區家園。」從語氣聽來，對推動精神病人回歸社區充滿熱情的老友，最近應有新進展。

進入長良前，我已摸黑走路快一小時，舊庄燈火稀疏，幾乎看不見這個平埔族東遷最先落腳的村落。所幸手機既能導航又提供照明，引我順利抵達好友等候多時的民宿。

「悠地亞我去過了，社區家園又是什麼？」當店員送上飯後咖啡，我趕緊發問。

「我們在鎮上租了幾間透天厝讓病人生活。悠地亞雖然在社區，畢竟是教會的房子，現在租的是真正的民宅……」好友講起病人回歸社區的事，眼中有光。

負責官方叫做「社區多元居住方案」的社工師，和我們約在「**擺渡之家**」所在的巷口會合，世居玉里的社工師陳定芳，像是社區家園住民的管家，每月幫忙繳房租、提醒病友回診。

病友自己起名的「擺渡之家」，是一棟四位男病友同住的老透天厝，我們一群人隨意坐在客廳聊著，每個人都對能在小鎮展開家居生活感到開心。

「剛搬出來頭一個月，很興奮，買了很多東西，吃的用的都有，把薪水花光光，還有人因為賺的錢不夠花，要求搬回醫院，把錢還給護士管。」病友繼續告訴我，社工師建議他開始記帳，學習量入為出。

「在都會區，精神病人相關設施有強烈的鄰避效應，你們租房子時沒遇到阻力？」我知道玉里鎮民與兩家精神病院已共處六十年，但這回病人是二十四小時進入社區生

｜與好友林知遠醫師（左一）拜訪社區家園「秀姑巒之家」，與住民們合影

活。

「沒有耶，可能因爲租約的乙方是醫院，不會賴帳，加上玉里鎮民已習慣我們的存在，房東很阿莎力地簽了。」社工回答我的提問。

「還有代表醫院出面承租的定芳是本地人，有地緣優勢。」在玉里工作三十年的知遠補充道。

「**秀姑巒之家**」住的是女病友，她們的工作更多樣，其中一位還擔任身障朋友的隨行秘書。知遠在送我回民宿路上，聊起二十年前澳洲進修時，第一次看到病人像這樣住在墨爾本的社區，內心極爲震動。

「我們也做到了。」和我同樣去過墨爾本大學進修的知遠如是回應。

隔天清晨，我被第一道陽光喚醒，才發現民宿前後都有悉心打理的庭院，北邊還有秀姑巒溪最大支流樂樂溪。老闆娘起個大早，親自爲我做早餐時，聊起懷抱著退休田園夢的公婆，七、八年前從台北來長良築夢，我所見的一草一木，都是喜好園藝的婆婆設計、栽植，房屋設計圖則是公公畫的。

「畢竟有了年紀，這幾年營運完全交給我們，他們二地居。」

我豎起耳朵，因爲老闆娘用了地方創生一個新概念，與其鼓勵人們「一步到位」移居鄉下，不如讓「觀光客以上，居住者未滿」的相關人口，透過便捷的交通串聯，爲兩個地方付出行動，帶入知識與經驗。我很好奇老闆夫婦和父母親如何分工，但因其他客人陸續進餐廳吃早餐，話題就此打住。

直通玉里的玉長大橋震後封閉整修，我還是回到卓富公路，按照老闆提醒，在土地公廟轉進花七十一水源路進玉里鎮，一路經過幾個位於秀姑巒溪西岸的阿美族部落，其間夾著一個漢人建築的聚落。

樹下乘涼的老人們告訴我，這裡是客家村，當年祖先有眼光，挑在水源地定居。原來，我經過的是東部客家移民史上有名的「**客人城**」，眼前這些老人的父祖，就是在屯墾家園四周砌石牆防原住民的築城之人。

繼續往北來到**玉里神社**，沿著舊參道，我登上位於山腰的遺址，一覽玉里市區。環顧神社周邊，只剩下兩座鳥居、部分石燈籠殘構與參拜階梯，至於主殿及拜殿，早已毀損消失無蹤，而一九三二年揭牌，爲了紀念一九一五年大分駐在所被布農族攻擊的警部與下屬十一人的「表忠碑」，則被融入戰後興建的民宅中。

進入玉里市中心前，必須經過鐵道旁的玉里榮民醫院，也是老友知遠服務近三十年的地方，不過今天他與台北榮總派來的實習醫師有約，就不叨擾。走進玉溪農會超市與便利商店複合的店面，才坐下就收到樂哲麟學長的訊息，他原本打算跟我走一段，但：「從臉書打卡的時間推算，妳走路的速度大約每小時五公里，很快耶！幸好我臨時打退堂鼓，不然完全跟不上……」

「一個人走得快啦！」我安慰身體有恙的學長，二〇二〇年十月十日，他在我宣告開始徒步台灣的第一篇臉書 PO 文回應，要到玉里郊外迎「王師三十里」。

「這樣吧，下午從玉里搭車離開時，我到火車站送妳。」學長囑咐我到達這回徒步的終點三民火車站時，傳訊息通知他。

沿著舊省道中華路往北，有位騎著摩托車的阿桑在我身邊停下，大喊：「妳要去叨位，我載妳！」

「我在健行，免啦，多謝！」我也拉大嗓門回應。

「日頭夭壽大，緊起來啦，免客氣！」阿桑很堅持。

盛情難卻，我只好掰說要去前面的部立玉里醫院，朋友已經騎車出來接我。

「妳在養護所上班的朋友要來接啊，那我就放心了。」阿桑放下安全帽面罩，緩緩離去。

爲了讓阿桑安心，我撒了個小謊，樂哲麟學長確實在舊稱養護所的玉里醫院工作，但不是約在醫院碰面。

過了卓溪，改道市區外環的台九線回到舊線，可我走了一小段，就遇上施工，看來是在省道兩側加上自行車專用道的工程。不得不走進快車道，車流量雖不高，還是讓我全身緊繃。查看 Google Map，發現右手邊有條與省道平行的大禹圳，還有棋盤狀道路，便趕緊轉入，走來天寬地闊，心曠神怡。只是心裡狐疑，這裡也是日本移民村嗎？爲什麼都沒讀過？

谷歌大神告訴我，這一帶叫作大禹開發區，是一九九〇年才開發的河埔新生地。但沿著鐵公路，現在屬於大禹里的農田，日治時期叫做末廣大字（相當於村）。再傳訊息問樂學長，想確認大禹圳是不是就是一九二〇年代開發的末廣圳，因爲花蓮縣志寫道：「日本內地移民前來開墾，當時所築灌溉渠道，稱末廣圳。戰後末廣村改爲大禹里，但圳名未改。」結果把學長考倒了。

過了大禹，就是舊名三笠的三民，阿美族人稱作「迪街」或「迪佳」（Takay），意指山勢陡峭，因爲往西、北都得爬山，改名三笠則是日本人覺得，這一帶很像奈良的三笠山——看來，不尊重在地文化，隨意指點江山的毛病，中日皆然。

日人撤離後，玉里居民利用舊神社鳥居周邊空地蓋屋，鳥居也失去分隔俗世與神界的意涵

原本打算和熟悉精神醫學與地方野史的學長邊走邊聊緩緩行，一個人果然走得快，提早抵達終點三民站。看看前方，想起阿美族人已用地名告訴行人，接下來就要爬山，雖然時間充裕，要登上舞鶴台地不成問題，想想兩天已走了六十公里，還是按照原定計畫，從三民搭區間車回玉里。一出站，就看見學長背著兩袋沉甸甸的《一路向南》，囑我回台北前簽好名，明天上班要分贈同事好友。

第 7 回

探訪古蹟，置身童話

三民—萬榮

瑞穗・舞鶴台地・公主咖啡・掃叭石柱・舞鶴鐵橋・鮮奶豆花冰店・大農大富平地森林園區・光復糖廠・滿妹豬腳

以國、台、客、英、阿美語輪流播放的台鐵車上廣播，重複提醒旅客**瑞穗**快到了。同行的妹妹問我：怎麼國、英、原語是瑞穗，台、客語聽起來是水尾？

水尾是清朝地名，阿美族人則叫這個秀姑巒溪向東大轉彎的地方「kohkoh」，模擬溪水撞擊岩石發出的聲音。日本人來了，看到稻米結穗累累，而水尾用日文念起來，又像是「瑞穗」，便聯想到《古事紀》、《日本書紀》中的「豐葦原之瑞穗國」，決定改地名。二戰結束，國民黨政府又改一波，充滿大和風情的瑞穗，倒是被留下來。

「今天的徒步起點三民，就是被改掉的。」車一停，隊友立刻被月台上一排Q版乳牛造型候車椅吸引，沒人繼續聽我講古。

瑞穗鮮乳全國知名，企業功不可沒。倘若不是一九八〇年代牧場主人林京彰力主，「花蓮好山好水好空氣，牛吃新鮮牧草產出的鮮奶，有清新青草香」，收購生乳的統一公司，也不會將來自東部的鮮乳獨立品牌行銷，走進全台千家小七，造就今天的榮景。

「會經過瑞穗牧場嗎？」曾經在初鹿牧場暴買的妹妹一提問，我嚴肅回應，「會經過入口，如果進去逛，大概要摸黑走路了。」「那就算了。」妹妹立刻將注意力轉到火車站前的土產店。

回望重新拉皮成充滿設計感的車站，我其實不太確定，那些線條要呈現什麼意象，瑞穗車站不像富里或池上，穀倉造型一目了然。

我們走到與鐵路平行、貫穿市區的舊省道中正南路等客運。空無一人的候車亭令人不安，直到一對老夫婦走來。戴著黑色鴨舌帽，帽沿側邊繡著「頭目 ○○○」的老人威嚴不語，倒是頭目夫人向我們確認，往南的客運一會兒就到，他們要搭同班車，去玉里榮民醫院看醫生。

「年輕人都出去了，我自己身體也不太好。」頭目夫人咕噥著，看來是老老照護。印象中的頭目，都是書上戴著有羽毛的頭飾，身著做工精細的衣裳、還配有番刀的盛裝照，眼前老夫婦的尋常模樣，反讓我不太適應。

客運司機用漢語和頭目打招呼，老人家上車坐定後，我和隊友魚貫上車，緩緩爬上舞鶴台地，拐了幾個大彎，就是三民。我們下車後，只剩終點站玉里下車的頭目夫婦。蘇醫師、惠貞與佳蒨跟我確認徒步行進方向，「就沿著客運翻過山的路倒走回去！」

循省道爬升近一小時，我們重新登上**舞鶴台地**。如果從秀姑巒溪對側的武德休憩區眺望，可以清楚看到台地位於秀姑巒溪與紅葉溪交會處，兩溪帶來的礫石堆積形成共同

｜舞鶴的咖啡，一九三〇年代曾經進貢當年的日本昭和天皇

沖積扇，再加上歐亞與菲律賓板塊的碰撞，沖積扇就被推擠隆升成台地。地質專家還會告訴人們，因爲台灣高溫潮濕，表面的礫石經風化淋蝕，變成富含氧化鐵的紅色土壤，紅土台地就這麼形成了。

舉目四望，我們被氣派的**公主咖啡**招牌吸引，便進入園區，點了咖啡與蜜香紅茶，在向南可以遠眺玉里與縱谷的戶外座位坐下。

「舞鶴也產咖啡啊？」我問笑臉盈盈走向我們的女老闆。

「有喔，我們的咖啡可是日本天皇喝過的呢！」老闆指向後方，有一株比人還高一大截的灌木，標示著「百年咖啡樹」。

其實，咖啡比茶更早登上舞鶴台地。一九三〇年，台灣總督府派來的技師國田正二，手植第一棵阿拉比卡種咖啡樹。日治末期，不只種植面積達二百公頃，年產量約二十萬公斤，將近全台一半，還供天皇御用。

戰後，由於擁有加工技術的日人遣返，加上國內飲茶人口多於咖啡，辛苦開拓的咖啡園，只能任其荒廢，雖改種其他作物，卻難以溫飽。一九七〇年代，省政府派秀姑巒溪對岸發展成功的士銀鶴岡茶場前來協助，指導農民改種茶樹，約莫十年，這一帶終於出現「天鶴茶」的品牌。

「那公主咖啡又是怎麼回事？」我像是問個不停的好奇寶寶。

「呵呵，那是用我個人形象打造的品牌。」女老闆告訴我們，當年剛回國接家裡的茶園，正好有個舞鶴公主選拔，她被慫恿參賽得獎，後來復育阿公的咖啡園時，正好拿來行銷。「雖然商標設計成原住民公主，但我不是頭目的女兒。」薄施脂粉，穿著便服的公主笑著補充時，還熱情招呼我們合影。

「園子裡還有剛剛採收過的砂糖橘，如果你們有空，歡迎下去採上週沒採到的果子。」女老闆踩著輕盈的步伐離去時，我們已躍躍欲試，往橘子園前進。

採完橘子，繼續沿省道北行，遠遠看見高聳的白色北回歸線標，前方還加上一個金屬色大茶壺造型，「感覺有點凌亂。」蘇醫師總是有話直說。

回到亞熱帶第一個任務，就是去看有三千年歷史的**掃叭石柱**。我們依照指示離開省道，不久就看見兩根大石柱豎在草地上。它們因為鹿野忠雄發表於一九三〇年的人類學雜誌，正式為世人所知。

| 考古學家認為掃叭石柱有三千年歷史

｜左：東線鐵路跨越紅葉溪的舞鶴鐵橋，綠色塗裝極為醒目｜右：往瑞穗溫泉途中的鮮奶豆花冰店，不僅配料實在，配色更是賞心悅目

大家拍完照，在一旁的榕樹下休息，「很像英國的巨石陣，不過只有兩支，單薄了一點。」佳蒨喝完水，吁了口氣。

「沒錯，它們都屬於巨石文化，復活節島石像也是。維基百科還說，原本一支豎立，一支橫躺，現在兩支都站了起來，等於考古遺跡被破壞。」我把網路說明，還有附近的原住民族有關這兩支石柱的傳說念給大家聽。掃叭是阿美族語的木板，數百年前阿美族到舞鶴台地開墾時，突然下起大雨，因族人撿起木板遮雨，「掃叭」便成了地名。而石柱則是蓋屋時，有兩個唱錯祈禱詞的族人化成的。撒奇萊雅族的傳說是，有兩個巨人分別住在美崙山與瑞穗，爲了美女巴奈較勁互扔石頭，這兩支石柱則是住美崙山的巨人扔來的……

一下台地就要過紅葉溪，左側是通行火車的**舞鶴鐵橋**，綠色塗裝十分醒目。由於十二月晝短夜長，爲了避免摸黑走路，我們不只捨牧場、還略過上午出發的舊市區，直接走城鎮外環的新省道。一馬當先的佳蒨，在通往溫泉區路口發現一家冰店，興奮地在群組吆喝大家，「牧場可以不逛，冰一定要吃！」當我在臉書貼出，以洛神花、地瓜、芋泥與銀耳當配料，五顏六色的雪花冰照片，花蓮的朋友立刻回應，「『**鮮奶豆花冰店**』是『巷子裡』去的地方。」讓誤打誤撞的佳蒨很得意。

記得那天最後的天光，落在離民宿還有五公里的瑞北國小。山雨欲來的縱谷，除了對向汽車偶爾閃過亮光，眼前一片黑。每個人都加快腳步，卻因體力不同，距離越拉越遠。儘管只有一條路，我想還是讓領頭的佳蒨緩一緩，才準備發簡訊，她就傳來「好夢幻的民宿，大家加油」的訊息，我立刻告訴身邊腳步有些踉蹌的惠貞，「就要到了。」

陽光透過窗玻璃，照在洋溢著濃濃聖誕風的餐廳，宛如置身童話。當老闆送上老闆娘巧手製作的早餐，每送一道，隊友就驚呼一次。「一定要告訴我妹妹，她從花蓮市來這裡很方便。」蘇醫師才說完，惠貞隨即附和，我要帶我媽媽來！數年前帶著妻女從西部移民的老闆笑回，「感謝客人口碑發酵，我們才能從疫情中活過來。」

我催促依依不捨的隊友上路，要從富興社區切進「**大農大富平地森林園區**」。當我們轉進社區，不一會兒就感覺到，這裡似乎是生產鳳梨的客家村落，但根據網路資料，其實是閩、客、原混居。

一出村子，便離開瑞穗進入**光復**。光聽地名，就知道是戰後新起的名字，只是查找相對舊地名時，才了解是由原住民的馬太鞍、太巴塱（富田）部落、以及大和聚落集合而成的新鄉鎮，至於大和，則被改名大富。

「那大農又是怎麼回事？」蘇醫師指出未解的疑問。

「大農和大富是戰後兩家隸屬於台糖花蓮糖廠的農場名字。」谷歌大神替我順利解圍。

我們漸漸走進森林，也就是二十年前的甘蔗田。由於一九七〇年代以降，國際糖價走跌，加上生產成本提高，台糖公司開始全台關糖廠，二〇〇二年花蓮糖廠停工後，農場開始造林，合計面積達一千二百五十公頃的甘蔗田，轉身爲大農大富平地森林園區，林務局也於二〇一一年正式建立遊客中心。

一般來園的遊客，多是從台九線開車轉農場路直抵遊客中心，換租園區腳踏車，沿南北兩環自行車道探索；也可以走人行步道與木棧道，欣賞滿園綠意及妝點其間的裝置藝術。然而，我們是在微涼空氣與湛藍天空下，由南往北步行縱貫園區，讓我不時有置身北海道荒原的錯覺。

一出大農大富，我們從舊時的太巴塱部落西側經過時，突然想起多年前有則軼聞，

｜瑞穗郊外省道旁的民宿，室內室外充滿夢幻氣息

上：除了徒步，從大農大富平地森林園區到光復糖廠，也適合騎自行車
下：力求轉型多角經營的光復糖廠，留有西部難得一見的蔣公銅像

公路局爲部落更換路牌時，「太」字掉了一點變成「大巴塱」。偏偏中文橫寫時，就有人會由右念到左，「塱巴大」於是成爲地方笑話，還引來記者採訪，婦女直說不雅，男士卻覺得被恭維。花蓮出生的作家陳黎，把這則地方軼聞揉合進散文〈小鎮福金〉，通篇高級酸，讀完令人捧腹不已。

爲了到糖廠，也是當天的午餐預定地，我們向西行過花蓮溪水系的嘉農溪，經過員工宿舍轉型的和風旅宿區、擴大營業的冰品部、還有開放廠商承租的小吃攤與特產店，處處可見光復糖廠努力求生的痕跡。離開前，發現正門口旁有尊西部難得一見的蔣公銅像，但不知爲何，看來有點落寞，究竟是爲了其他分身被請去慈湖？還是徒孫不再反共傷神？

一離開糖廠所在的阿美族最大部落馬太鞍，就要過馬鞍溪。一過溪，我被左側的花四十五鄉道與明利部落的指示牌吸引，想不到位於半山腰，與馬太鞍只有一溪之隔的部落，竟然是太魯閣族領地！「台灣的原住民族眞複雜」，我心裡爲自己的無知嘆了口氣，領著隊友靜靜通過部落，沿萬榮鄉與鳳林鎭的界線花四十五鄉道，慢慢走到今天終點萬榮火車站。時間尙早，決定先到附近頗有名氣的**滿妹豬腳**提早吃晚餐，再回到其實位於鳳林鎭的火車站，準備北返。

第 8 回

回不去的過去

萬榮─吉安

鳳林火車站．豆府小樓．林田山園區．張七郎父子墓園．美好花生．穗興商號．碧蓮寺．壽豐車站．鈺展苗圃

｜慢城鳳林的對外門戶，鳳林火車站

週五傍晚火車到站後，下車乘客迅速散去，只剩下我們在**鳳林火車站**空曠的站前廣場上東張西望，先確認預定用餐的食肆位置，再到附近安靜的街道散步，等候高雄前來的素鈴。她搭的班車，還要半個多小時才到。

我們預定的民宿，位在上回終點萬榮火車站附近。爲何要大費周章，安排中途下車吃晚餐？其實是上回離開萬榮前，站前三兩家小吃店，傍晚六點已經準備打烊。

「鳳林比較熱鬧，先在車站附近吃飽，再搭車過去。」當我將最初規劃告訴隊友時，還打算「時間許可順便逛夜市」，也是源於兩週前，在萬榮遇到一位搭同班火車的老人，說要去鳳林趕夜市。不過，今天是星期五，鳳林夜市是週六限定的流動市集，我們只好在散步經過時，發揮一點想像力。

晚餐後，我與民宿老闆娘聯繫，她問班車到達時間，並勸我放棄從車站走到民宿的念頭，「萬榮下雨了，我和老闆開車來接你們。」

從車站到民宿「**豆府小棲**」約有兩公里，開車的老闆低調稱自己退休後移民花蓮養老，老闆娘則親切「案內」一切，包括請房間外的豆豆們不要太興奮——「豆豆」是老闆夫婦對家中各種寵物的通稱。

主人離去後，周遭安靜下來，隊友們開始輪流盥洗、追劇打發時間，我則被房間內陳列的書籍吸引，原來，老闆是駐外多年的記者梁東屏，能寫能譯，著作等身。

「妳可以和老闆交流一下。」蘇醫師認眞建議。

「不要啦，走路就專心走路。」我邊回應邊搜尋，確認網路書店仍銷售哪些書，一時衝動買下喜歡的書背著走，顯然不智。

天一亮，甦醒多時的我捏手捏腳下床，生怕吵到睡夢中的隊友。我睡前向群組傳訊息，約想去**林田山園區**走一圈的隊友，天亮門口集合。

只有敏惠赴約。兩人穿過村子，沿著萬里溪緩緩上坡，我們都去過不只一次，但初冬巡禮繁華落盡的森榮「摩里沙卡」，確實是全新體驗。

一九三八年開始發展至一九七〇年代鼎盛時期，林田山林場是一個有四百至五百戶住家，將近二千人的社區，擁有醫務室、商店、米店、理髮部、小學……甚至電影院！直到一九七二年一場延燒一個月的大火，重傷當時的「小上海」，加上環保意識抬頭，一九八七年又全面禁止伐木，人口快速流失，繁華聚落開始走向歷史。

而今，過往的公共設施經過復舊與活用，開始觀光化。老實說，自己比較喜歡還有住民、有生活氣味的區域。逛到老建築活用的咖啡館，正好遇到老闆夫婦開車來準備開店。老闆原本是這裡的住戶，現在搬到山下生活，「再通勤來上班。」

離開園區前，我們逛了已經廢校多年（一九八八）的森榮國小，不知寂寞的大象滑梯，是否仍在等候，每節下課搶著玩耍的孩子？

回到豆府小樓，遠遠看著在雨中巡視庭院、餵鴨餵鵝的老闆，我想若有人突然向他提起，曾經前往阿富汗採訪得新聞獎的往事，應該有些突兀吧？

老闆娘親做的早餐太豐盛，我們得將吃不完的帶上路。才回台九線，就接到在鳳林開業的同學劉明謙醫師來電，他問這回有幾個人一起走路，大約幾時抵達鳳林，他要盤算怎麼帶我們去鎮郊的**張七郎**（一八八八～一九四七）、**張宗仁與張果仁醫師墓**前致意。

｜左：位於鳳林鎮郊的張七郎、張果仁與張宗仁父子遭難之墓｜右：醫文雙修的同學劉明謙醫師，經營的診所充滿書卷氣

「不是每個人都去，你的車子應該不用跑兩趟。倒是有位叫張曉卉的隊友，今天才從台北下來，會直接從火車站走到你的診所會合。」

同學還告訴我，守護老宅與墓園數十年的張玉蟬老太太，也就是張果仁醫師的妻子，因身體不適，由家人陪伴在醫院靜養，「但我已跟她報告你們要來，也獲得首肯。」

張七郎醫師一家三口是二二八事件的受難者。我上大學後第一次聽到張家的故事，感到憤怒與哀傷。政府濫殺無辜人民，留下的孤兒寡母，不知怎麼度過後來長達三十八年的白色恐怖戒嚴。就連玉蟬女士娘家親戚，歷史學家暨作家吳鳴，也要事發三十多年後（一九七九），才從帶著酒意的長輩口中，得知這樣的悲劇。

從民宿到同學的診所大約六．五公里，在雨中或穿雨衣或撐雨傘，就是現代人的「一蓑煙雨任平生」。離開省道，進入小巧的市區，同學的診所坐落在中正路，應該是鎮上的精華地段，斜對街的便利商店，也是當年張七郎醫師攜家帶眷從西部移民後山，創立的仁壽醫院舊址。

「在店面前立個小小的碑，讓後人不要忘記張家的故事。在日本，尤其是京都，很多地方都會在已經改建的房子前，擺上像是『新選組跡』之類的小石碑，並附上相關事件簡述……」我見到人文情懷強烈的老同學，說個不停，大概覺得他在小鎮服務十多年，已經是具有影響力的地方賢達。

得知我已去過仁壽醫院舊址，劉醫師決定直接開車載部分隊友到墓園致敬。蘇醫師、惠貞和我，加上開車的同學湊成一車，一路後山小鎮生活聊不停。

「記得幾年前來拜訪，張女士正在使用剛買來的割草機，還說有了這台機器，整理墓園輕鬆很多。」果然是學中文的人，同學只用幾句話，鮮明勾勒出長者的形象。

抵達張家山腳下的老宅時，雨突然變大。冷冽的雨滴，打在防水外套上，我開始打哆嗦，讓親見「兩個小兒為伴侶、滿腔熱血灑郊原」墓誌銘的時刻，更加震動。

回到鎮上，多年不見的同學邀我們一起用餐，當然要嘗嘗客家菜。同行隊友一致稱讚，劉醫師溫文儒雅，診所一樓候診區簡直是小型圖書館，眞是大開眼界。我笑說那是中文系的功勞，並指著自己：「只學醫氣質差多了。」

笑聲不斷的午餐後，同學得收拾行李，準備北上參加明天舉行的台北馬拉松，他爲下午不能陪大家走一段過意不去，並邀下次再來。

「下本書就來花蓮辦新書分享會！」剛出完書的我發下豪語。

依照同學指示，我們將飯後甜點留在「**美好花生**」享用。原本是市場的媽媽手炒花生，二代接手後，變成一家坐落田間，滿滿設計感的清水模文青店，可以邊喝花生甜湯，邊看小型展覽，也可以選擇戶外座位，感受台灣第一個「慢城」。

「趁現在沒有雨，往林田神社出發吧！」身爲隊長，我看出喝完熱湯的隊友開始發懶，不得不發號施令。

吉野、林田與豐田，是日治時期花蓮港廳境內三大日本移民村。戰後，日人離去，林田村由南到北的三個聚落，南崗、中野、與北林，變成大榮一村、大榮二村（大榮里），和北林。我們就沿著原本是林田圳分支的復興路，一路向北，經過神社遺跡、移民村警察廳（林田派出所）、林田尋常高等小學校（大榮國小），還有雨淋板從原木色被漆成藍皮的教師宿舍。

雨又來了，教師宿舍對街，正好有家雜貨店，一群人衝進去避雨後，我才察覺，「這可是出現在《老雜時代》裡的名店『**穗興商號**』啊！」

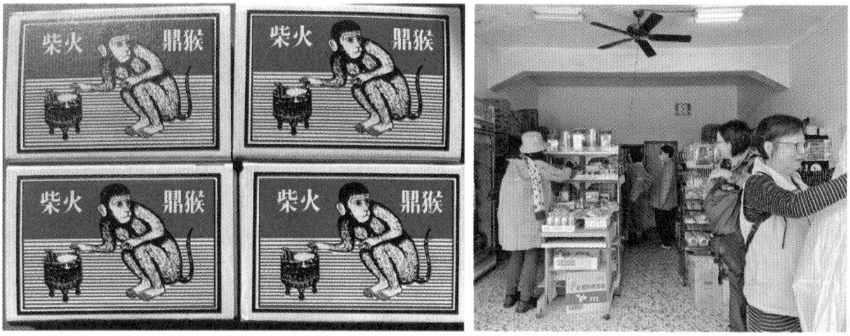

｜隊友們於林田村穗興商店尋找各種小物，包括難得一見的紙火柴

穗興第一代老闆在二戰末期聽聞，被美軍轟炸荒廢的糖廠附近，空地「畫了就是你的」，於是攜家帶眷，從西部到大富，戰後輾轉到鳳林落地生根。一九七〇年代，裝了村子裡第一支電話，成爲厝邊借電話所在，又爲了服務鄉親，經營郵政代辦、裝設公共電話……儼然成爲當年的社區服務中心。

今天顧店的是一位歐巴桑，我猜是二代老闆娘，靜靜看著我們盡情翻找零食等小物。我的發現是一落落紙火柴，由右到左的商標寫著「猴鼎火柴」，中間還畫了一隻猴子！當我目光掃到它們時，立刻取下一落，並在結帳時請教老闆娘，「台灣的火柴工廠，不是停產好些年了？」

「對啊，所以我花了很多精神去找，因爲客人有需要。」老闆娘答得理所當然，但我的都市人性格不禁暗自狐疑：花這麼多心力，有足夠利潤支撐嗎？

離開林田村，一過知亞干（壽豐）溪，就接近另一個移民村「豐田」，由於預定的民宿離台九線上的豐田火車站有點遠，我決定右轉台十一丙，從現在的溪口村經豐坪村，再進入豐裡村，也是當年豐田移民村的中心「中里」。

天光漸漸稀微，民宿老闆來電，確認我們幾時入住，我跟他回報，還要再走一個多小時。明明跟他提過，我們是一群走路的人，他卻一如初聞般驚訝，幸好很快回神，關心我們晚上要吃什麼。

「村子裡賣吃的都打烊了？」果然如我所料，因爲一路貪玩，我們比預定抵達的時間晚了。

「最晚一間平常六點關。」老闆頓了一下，「沒關係，那是我麻吉開的，我叫他等你們！」聽他掛保證，我霎時鬆了口氣，原本正在盤算，是要催隊友趕路，或是啟動B計畫——坐火車到壽豐或是志學吃完飯再回來。

隔天，我又是天一亮就悄悄出門，急著與**碧蓮寺**重逢。多年前，我曾經拿到一本豐田文史工作室出版的小冊子，有回來花蓮演講，我提早出發，就用它自助導覽。

記得那天烈日高照，從火車站走到碧蓮寺（豐田神社）、舊派出所和豐裡國小，已覺精疲力盡，便捨棄比較遠的「醫生的家」（類似現在的衛生所）和菸樓（小時候回雲林大伯父家就有），並想著天涼再訪。

一想就是二十幾年。我才又穿過龕上碧蓮寺金字的鳥居，繼續前行數百公尺，右手邊樹下那塊寫著「開村三十周年記念」，立於昭和十七年六月的石碑還在。那是證明這個村子與中華民國同祚，至於神社，則早在一九一五年已舉行鎮座儀式，比昨天經過的林田神社要早一天。

戰後，神社改為碧蓮寺，居民迎來釋迦摩尼佛、觀世音菩薩、和彌勒佛，並奉祀五穀先帝、天上聖母與地母娘娘。值得一提的是一尊黑色露牙的不動明王，則是居民一九四六年才從吉安迎回的「日本佛」。無論來自哪個宗教系統的神佛，都與當地居民的生活緊密結合。

我在昔日的中里踅了一大圈，已看不到日式農舍，因為接到老闆告知早餐送達的電話，便從火車站前的中山路走回民宿。和隊友一起用餐後，出發前巡禮了村內的移民紀念墓碑、豐裡國小禮堂和移民指導所，只是我在心裡惦記二十多年的診療所「醫生的家」，已經找不到指示。

沿著文化街向北，沼澤逐漸多了起來，還有些水產養殖池，但隊友的目光，卻專注在近年流行的落羽松，每看到一處，就嚷著「待會兒可以省下五十元的入園費」——

｜左：豐田是當年日人悉心打造的移民村，神社為其信仰中心，戰後改為碧蓮寺｜右：在花蓮豐濱服務的大學同學馬玉成醫師夫婦（左一與左二），特地趕來壽豐，陪大家走一段

因爲到了**壽豐車站**，和大學同學馬玉成、郭思佳夫婦會合後，我們將前往入場費每人五十元的「**鈺展苗圃**」，觀賞這個時節多彩的樹葉。

高架化的壽豐車站，是東線鐵路少見的設計，據說是爲了因應車站附近地勢低容易淹水，其實看地圖也不難推測，因爲車站就在大片魚池旁邊。

玉成與思佳加入後，一路笑聲不斷。不知不覺過了荖溪與平和車站，右轉通往東華大學的大學路前，苗圃的指示牌出現了。

乖乖繳了入園費，大夥兒開始忙著在園區取景，從各個角落拍下不同美照，不僅沒人抱怨五十元貴，也不介意葉子才開始變紅，或許也沒人在意，原產地在北美洲密西西比河流域、墨西哥灣一帶的落羽松，根本是不折不扣的外來種，近年大量引進，四處打造「秘境」，幾年後會不會像黑板樹一樣被嫌棄……

中午，我們在志學落腳用餐，老友王迺燕因醫院値班，這回無法加入徒步行列，下班後特地從門諾壽豐分院開車，順道去接住在附近的大姐，也就是張文和教授夫人過來相聚。疫情前，我和惠貞常來壽豐看她。

迺燕和玉成以前是同事，見面瞬間聊開，開朗的思佳更是完全融入我們這群熟女中，話匣子一打開，欲罷不能。身爲隊長，我不得不打斷談話，同時拜託迺燕送素鈴離隊到壽豐搭火車——由於時間稍有延誤，若她繼續和我們走到吉安再搭車，就會錯過經台東回高雄的車班。

從林田、豐田、到吉野（安）三個移民村，已經和花蓮市區連成一氣的吉安變化最大，只有當年的信仰中心慶修院（吉野布教所）屹立不搖。只不過，觀光客川流不息，也無法讓我的心回到過去……

｜近年花東縱谷種植不少落羽松，深秋初冬由綠轉紅。圖為壽豐的鈺展苗圃

第 9 回

一期一會

吉安—北埔

林場肉羹・奇萊平原・吉安溪・金茂照相館・臨港線鐵道橋・花蓮港車站・奇萊鼻燈塔・七星潭

｜從台北搭行駛國道五號的客運，在羅東轉乘鐵路，是通往花東最便捷的方法。等車時間不妨來碗林場肉羹

國道客運一出雪山隧道，迎來自己二〇二三年第一道來自東海岸的亮光。我將在羅東換乘火車到今天徒步的起點吉安，自從雪隧通車以來，鐵公路接力是北花交通最便捷的方式。

花蓮吉安的緯度相當於彰化溪湖，意味著又可以回到最初一日往返的徒步模式。當初因爲往返交通時間越來越長，就從彰化開始，改成至少兩天一夜的徒步。

佳蒨和我在羅東街上邊走邊跑，要把握轉乘空檔，吃一碗熱呼呼的**林場肉羹**，那是我來羅東博愛醫院實習時的最愛。一個小時後，順利搭上普悠瑪號列車，和台北出發的惠貞會合，上午九點，已出現在吉安站。

蘇醫師提早一天到花蓮探望妹妹，在車站出口迎

跨越美崙溪有很多橋，以菁華橋（原朝日橋）最為醒目

接我們。這是我們第二次在木瓜溪以北，立霧溪以南的**奇萊平原**徒步。沿途熱鬧的市街，幾乎很難找到這片土地最初的住民撒奇萊雅族的符號。數百年來，撒奇萊雅族歷經荷蘭人、漢人、太魯閣族、以及南勢阿美族人的侵擾，近乎滅絕，倖存的族人只能隱藏自己的文化和語言，融入阿美族的生活。後繼的阿美族碰上日本殖民政府企圖建立移民村，七腳川社的住民又遭無情驅離。開村三十年後政權轉移，再從吉野變成吉安。目前的吉安鄉是台灣人口最多的鄉，有八萬多名來自四面八方的住民。

一進台九線，就要跨越被整治成大排水溝模樣的**吉安溪**，我感到莫名的悵然。縱谷走來，行過溪流無數，在我眼裡，就連出不了海的沒口河，也比排水溝看起來有精神。只不過像這樣失去生命力的河川，西部已司空見慣，也未激起我的違和感，或許我該感謝東海岸徒步，復甦我對自然的感受。

我打起精神，不讓自己陷入感傷的情緒，因爲一過溪，就要認眞尋找祖師奶奶張愛玲（一九二〇～一九九五）曾經拍照的「**金茂照相館**」。距今六十多年前的一九六一年十月，從上海輾轉移民美國的張愛玲，受邀到香港寫電影劇本，途經台灣時，美國領事館安排了白先勇、陳若曦、王禎和等台大外文系的學生接待。家住花蓮的王禎和便陪著張愛玲經蘇花公路到東部四處走訪。抵達當天，張愛玲與王家人到附近的照相館合影留念。

「看到招牌了。」循著惠貞手勢，看到黃底紅字的「金茂照相」立面招牌，但店門沒開。正當我四處張望，有位身穿鼠灰色風衣的先生騎著摩托車靠近，停在店門前的騎樓，準備拉開鐵捲門，我趕緊上前詢問，得到他肯定的回答，「是的，幫張愛玲拍照的人是我爸爸，照相館已原址改建。」

除了身後出版的紀行文〈重訪邊城〉，張愛玲之於東台灣，只是萍水相逢的旅人。要認識花蓮文學，應該帶著作家陳黎的《想像花蓮》，他的花蓮港街地圖，是以他熟悉、喜愛的人物爲座標，畫在記憶與夢的底片上。

一九六一年張愛玲曾在王禎和陪同下，走訪東台灣，在金茂相館留影，由目前老闆的父親執鏡拍攝

倘若眞要按文索驥，我可能會被花蓮的土黏住，還是保持觀光模式，繼續沿中正路轉中華路，順道去原是花蓮酒廠的文創園區轉一轉。看完老房子，再沿著稻住通，遙想日治時期中華路繁華熱鬧的光景，當年可是洄瀾八景之一的「稻住夜色」。

過了中山路（黑金通），就是往美崙山的公園路（高砂通），我看見路口的台銀分行，突然想起一件事，內心不禁驚呼，「這不就是龍瑛宗（一九一一～一九九九）當年上班的地方？」

龍瑛宗是日治時期第一位獲得「內地」重要文學獎的作家。十九歲商業學校畢業，進入台銀服務，二十六歲以小說《植有木瓜樹的小鎮》得獎，成爲「中央文壇的彗星」，三十歲卻被調到宛如美國西部荒野的花蓮，也開啟一系列以杜南遠爲小說主角的創作。

但我必須承認，由於語言隔閡（龍早年以日文創作，一九七〇年代才陸續出現中譯本），自己認識張愛玲的作品，要比龍瑛宗的早又多。但龍瑛宗戰後不願屈服於失語的命運，努力學習中文，年近七十終於以中文重回小說創作的懷抱，這樣的生命故事，深深觸動了我。

「這麼了不起的作家，誰能爲他立一塊文學碑？」我走在隊伍最後喃喃自語。

「就要從一九三縣道過美崙溪，快到松園會館門口了。」我向住在附近的洒燕通報，即將抵達會合地點。

貫穿花蓮市的美崙溪，現在有多座橋樑，最靠近出海口的是已經廢線的**臨港線鐵道橋**（現在是自行車專用的曙光橋），緊挨著的公路橋，則是一九三縣道經過的日出橋，我們站在橋上，面向灰撲撲的太平洋，想像清晨太陽躍上海面瑞氣千條的光景。

雖然選在松園門口會合，卻沒有一個隊友入園參觀。不是松園不美，而是每個人都來過好幾回，反而沿著外牆的水源路往內看，形成陌生又有趣的新視角。

洒燕領著眾人蜿蜒向北，巡禮他平日慢跑的濱海自行車道，不久就遇到一個小公園，「那是當年擔任廳長（一九二〇～一九二六），力主花蓮築港的江口良三郎紀念公園，聽說戰前這一帶還有銅像，不知跑哪兒去了。」從公園望去，海上雲層極厚，是

縣道一九三通過美崙溪的中山橋（原日の出橋），緊挨著自行車專用的曙光橋，過去是火車通行的米崙溪橋

和大晴天截然不同的港口風情。「過了花蓮港車站，我們就折回美崙吃午餐。」洒燕一邊解說一邊下指令，讓我頓感輕鬆，細心的他還不忘提醒，「記得通知妳的同學蔡老師出門，我們應該可以準時到達海產店。」

洒燕老家也有一個港，他是出身左營眷村的孩子。眾人好奇他為何東渡後山，也好奇我怎麼有幸認識一位生活背景大不同的好友。我抓抓頭，不知是要從深受年輕精神科醫師景仰的張文和教授（一九三四～二〇〇八），二〇〇〇年退休到花蓮慈濟任教說起？還是細說我為了推廣憂鬱症防治協會業務，來花蓮演講的淵源。總之，兩個不同學校與訓練醫院出身的同業就交會了。

抵達**花蓮港車站**時，正好有貨運列車經過，眾人拿起手機狂拍時，我卻有種似曾相似感，說不定是北迴鐵路通車前，有回全家從基隆搭客輪到花蓮旅行，花蓮港上岸後，就從花蓮港站乘坐當時仍有客運服務的臨港線，前往位於市中心的舊花蓮站。

再晚幾年的高中生活，就已歷歷在目，尤其高一班上有一位從後龍北上念書的同學，我常和她放學後邊走邊聊，一直走到她借住在牯嶺街的ＹＷＣＡ宿舍，我再搭公車回家。後來，那個從後龍來的女孩大學畢業，在後山站上教育第一線，轉眼超過三十年。

兩年前徒步到後龍，我對路旁的道卡斯族聚落標誌很好奇，當場打給人在花蓮的高中同學蔡玉音，問她父祖輩有沒有關於道卡斯的記憶。我們聊了好一會兒，最後她殷殷囑咐，走到東部一定要通知她。一個月前，我得到的回應簡訊是，「走路我不行，吃頓飯是一定要的。」

一群人就這樣相聚，一起享用在地漁港直送的海鮮，並依依不捨在招牌前合影。我心裡暗想，這也算是「一期一會」吧？

回到縣道一九三，一過美崙工業區，洒燕便指著右手邊遠處的尖塔，「那就是網美照常常出現的**奇萊鼻燈塔**。」

「應該不是楊牧的白燈塔吧？」雖然它的塔身也是白的。

「當然不是，但看起來也蠻美的？」迺燕的回答有種包容，說不定當年逃課去看海看燈塔的少年楊牧，也到了更遠的奇萊鼻白燈塔，只是沒有入詩。

燈塔的北方就是**七星潭**，也是近年花蓮旅遊的熱門景點，無論白天黑夜，都是看海聽海與告白的好所在。但今天強勁東北季風南下，我們走得一點兒也不浪漫，身形嬌小的蘇醫師，被一陣陣強風吹到「倒退嚕」，根本不敢久留，必須躲進村子裡的咖啡店避風。一進店裡，看到櫃檯陳列的各式蛋糕，隊友直說剛剛太辛苦，需要補充能量，蛋糕佐咖啡正好。但我的理性思維告訴我，午餐後那段路其實不長，頂多消耗兩百多大卡，大約半塊起司蛋糕……

正當我爲了要不要點蛋糕掙扎時，詹和悅老師的電話響起，我告訴她正在七星潭喝咖啡，「那家咖啡店的蛋糕很不錯喔，妳慢慢享用，我們北埔車站見。」老師都這麼交代，我是不是也不要爲難自己了？

退休後移居花蓮的詹老師曾是我的鄰居，也是台大醫院精神科從事自閉症早療的先驅。因互加臉友的因緣，她一直關切我的徒步進度，並熱情邀約：「路過進來坐坐。」

一開始我有些猶豫，因爲還有一群與她素昧平生的同行隊友，「那有什麼關係！只是吃頓便飯，一點兒也不費事，對了，還可以問問妳的朋友，有誰要留下來住一晚……」

當我看到詹老師準備的豐盛家宴，還有她爲我邀來的神秘嘉賓——定居花蓮多年的學長夫婦喬祥與雅玲，眞是一時語塞——還有什麼比吹了一整天東北季風，受到一對慈祥長輩熱情款待更幸福的事？

上：貨車通過平交道，駛向僅存貨運功能的花蓮港火車站
下：出花蓮市區看到奇萊鼻白燈塔，就知道七星潭海岸近了

第 10 回

迎接太平洋的曙光，遠望清水斷崖

北埔—和平

康樂泊區・新城照相館・殉難將士瘞骨碑・崇德車站・清水斷崖

2023.1.26-27

萬里無雲的大年初五，我們在北埔車站互道恭喜，並歡迎新加入的黃盛璘老師。我因園藝治療與她結緣，二十年來，她將美國所學帶入台灣的精神醫療、失智與安寧照護領域，助人無數。

一出車站，就是北埔村的中心。放眼望去，快餐店與飲料店特別多，應該是因應北邊的大漢技術學院教職員生需求而生。南面則因近百年成爲花蓮機場用地，一片空曠。可在一百五十年前，這一帶曾因噶瑪蘭人南來結社而興旺，也就是史上有名的加禮宛大社，直到一八七八年六月，遭清軍剿滅……

離開村子，我們爲了避開省道的新春車潮，沿著月牙灣的替代道路縣道一九三北上，車流量還是不小，只得小心翼翼，行走在沒有行人空間的兩線車道旁。過了新城第二公墓，車流瞬間減半，我才明白新春期間路上不只是出遊，還有掃墓的車潮。正當大夥兒鬆了口氣，素鈴與玲鳳突然異口同聲地喊著，「秘境！」原來是右手邊出現一條直通沙灘的岔路，兩人一馬當先衝了過去。

這是一個小漁村入口，因爲坐擁無敵海景，開始出現文青風咖啡點心店和霜淇淋小鋪等商業活動。正午時分，我坐在樹下的輪胎乘涼，想起二十多年前的七星潭，或許下

次來訪，這個地圖上叫**康樂泊區**的聚落，已像南方的七星潭，如雨後春筍冒出民宿。

縣道在三棧溪南岸匯入台九線蘇花公路段。過了溪，漸漸接近北新城的重要聚落新城村。惠貞開始留意五金行，因爲她想買一頂工地帽，預定明天通過地質不穩定的清水斷崖沿線佩戴。

戴工地帽是我提出的建議。這回出發前，我常想起大學時有位極受病人與學生敬重的外科教授，開車經過清水斷崖被落石擊中，傷後再也無法動手術。爲避免風險，是該考慮改搭一小段火車，可我又不想錯過徒步清水斷崖的體驗。左右爲難之際，想起明天即將加入的新隊友水瓶子，便找學地質的他商量，「戴工地帽保護就

康樂泊區北方的沒口之河

好。我們以前出野外都是這樣。」他語氣淡定地回應。

當我在群組尋求附議，引起一陣討論。除了討論是否可以自行車安全帽、滑雪頭盔還是機車安全帽代替，也有人表示死生有命，什麼都想不戴。我雖傾向老老實實地戴工地帽，卻又懶得從台北一路拎來，決定上購物網買一頂，直接配送民宿附近的便利商店。

黃老師響應我的號召，湊成免運；惠貞沒跟上，只能現地購買，最後在一家農具兼賣五金雜貨的商行購得。

新城老街不長，已停止營業的**新城照相館**、佳興冰菓店，還有新城天主堂等地標，都在一條街上。可惜我們到達冰菓店時，離五點打烊不到一小時，已不供應熱食，仍有長長人龍等著買檸檬汁。

往前再走一百公尺，就看到天主堂前的舊神社鳥居。神社本殿早已拆除，現在安了一尊聖母像，參道兩旁只剩下幾具燈籠、松樹和狛犬。比較有看頭的反而是一九六七年蓋的船型天主堂，以及中庭裡紀念明治二十九年（一八九六），被太魯閣族人殺死的

｜左：新城老街上已經停業的新城照相館｜右：舊新城神社的參道與鳥居，現位於新城天主堂境內

十三名日本官兵的「**殉難將士瘞骨碑**」。事件導火線是族裡的婦女受到侵侮，原住民戰士為此出征。初期日軍死傷慘重，一度退兵，後來還是在「五年計畫理蕃事業」遭到討伐，連南澳地區的泰雅蕃，也被日軍利用來「以蕃治蕃」……一連串征戰直到大正三年（一九一七）立下招魂碑，才告一段落。

其實，舊神社附近還有家特別的書店。二〇一五年來自台南的胡文偉，中年移民新城，開始自掏腰包協助新城國小棒球隊，並擔任球員的課輔老師。接著成立只借不賣的「練習曲書店」，希望球隊的孩子與社區居民因為閱讀，看見外面的世界。可惜我們來得不巧，適逢書店休息時間，加上天色漸暗，只能放棄在書店附近的商店停留，直奔五公里外的達基力，也就是戰後國府改名的崇德部落。

蘇花公路進入立霧溪前的北向車道塞車了，估計是匯流從花蓮與中橫下山的遊客車輛。看到長長車流中夾雜著一、兩部客運，我想起花蓮老照片裡麵包狀的「東海自動車」，那是臨海道路（蘇花公路前身）從徒步道拓寬到足以行車後，一九三二年開始經營的客運，蘇澳花蓮每天對開兩班，單程六小時……

「六小時？那也太久了吧！」素鈴瞪大眼睛，我們六個人站在立霧溪橋上休息閒聊。

「妳應該沒遇過單向通行的年代，以前有六個管制站，只要每站等個半小時，差不多也要六小時。」我擺出倚老賣老的姿態，「還有車資，花蓮蘇澳單程將近十二萬元！」

「聽起來像是印尼盾……」玲鳳輕呼。

「沒錯，那是舊台幣計價，後來不就四萬元換一塊？」

立霧溪口暮色越來越濃，列車通過時的燈光，有種迷濛的詩意。我慶幸立霧溪的名字被留下來，沒被改成崇德溪，因爲「立霧」兩字用日文發音，就是「達基力」。

天還沒亮，我和敏惠同時醒來，小心翼翼推開房門，從下榻的青旅走到海邊，準備迎接太平洋的曙光。

七十三年前，當時三十五歲的畫家陳澄波（一八九五～一九四七）也來過這片海

從達基力(崇德)部落遠眺清水斷崖，也是陳澄波油畫〈東台灣臨海道路〉寫生的視角

｜與第二天加入的隊友，在崇德火車站前集合

灘寫生。他受到即將卸任的台灣總督上山滿之進委託，準備創作一幅讓總督帶回故鄉留念的台灣風景畫。一九三〇年八月，畫家實地走訪達基力部落取景，油畫完成後，總督爲它裱上的木質畫框，還有達悟族拼板舟船板的圖騰。

上山過世後，取名〈東台灣臨海道路〉的作品捐給故鄉防府圖書館（一九三八），後因搬遷存放到倉庫。直到二〇一五年，經日本學者與陳澄波後人鑑定，消失超過半世紀的作品出土，二〇一九年回到畫家的故鄉，成爲《不朽的青春——臺灣美術再發現》特展的重點作品。

站在陳澄波當年的視角，遠望稍後即將通過的清水斷崖，我感動得無法言語，直到一艘膠筏出海作業，劃破早晨的寂靜，也提醒我該回到民宿，和隊友一起去用餐。

比起過去「透早就出門」的徒步風格，今天早上特別悠哉，主要是爲了幾位一早才從台北啟程的朋友，我把出發時間訂得比平常晚。也可以說，爲了從高雄出發的素鈴，我把兩回單日徒步合併成新春特別團，讓她從高雄大老遠跑一趟能「值回票價」。

正當我口沫橫飛，向起床出門吃早餐的隊友分享陳澄波曾經來過的故事，突然接到佳蒨從羅東打來的電話，「因爲太興奮，太早出門，搭上前一班客運，就一路超前……」，原來，她已從羅東上車，再一小時就到了。

原本想和出來吃早餐的隊友一起幫賴床的人帶東西回民宿，接到電話，決定分道揚鑣，直接前往**崇德車站**等候。算算時間，正好繞到海邊，二度凝望陳澄波的視角。

時間接近十一點，下一班區間車即將進站，眾人齊聚候車室，等待蘇醫師、曉卉、迺燕與水瓶子四位隊友到達。一行十一人拍下壯觀的出發照後，依依不捨與在站長辦公桌上執勤的貓站長道別，滿懷期待往**清水斷崖**前進。

車站向北約四公里，開始出現隧道，第一個是長達一．五公里的匯德隧道。隊友們戴上五顏六色的安全帽，公推佳蒨的全罩式滑雪頭盔最時尚，迺燕的紅色工地帽，簡直

大清水隧道南口在我們通過前兩週，才因嚴重落石交通中斷。由於年關將近，公路局搶通後，現場土方尚未完成清運

是樂高人偶眞人版。由於崇德以北有一段蘇花改尙未動工，使得隧道車輛川流不息，形成巨大回音，加上排放的廢氣繚繞，我們幾個人的肺，宛如微弱的行動空氣清淨機。雖然兩側有隆起的排水溝蓋讓行人貼壁走，安全大致無虞，但要一路閃躲突出的交通號誌、照明燈箱，實在是既不愉悅又緊張的徒步經驗。我定下心，一路如念佛號般的默念「出口就是清水斷崖」，終於看到洞口的光。

沿著舊蘇花道，我們來到清水斷崖景觀台，雲層從天而降，兩小時不到，已看不到出發時的陽光。失去海面反光的台灣八景依然雄偉，隊友也忙不迭地擺出各種姿勢取景。

接著通過的是錦文隧道，它不只比匯德短，還有幾個通往舊路的坑道會透光，經過時稍稍鬆一口氣。不過一出隧道，北口卻坐著一位監測路況與附近工地的阿伯，因爲出發前兩星期（一月十二日），前方的大清水隧道南口才發生落石，蘇花公路完全中斷。要不是年關將近，公路局日夜趕工搶通，這回的徒步就得推遲了。看到一落一落尙未清運的石堆，我下意識地檢查工地帽是否戴牢。

再來是清水隧道，出口就是令人傷心的大清水溪出海口，「看到那些輪胎了嗎？」隊友們朝下看，有個堆滿輪胎的邊坡，再往下就是鐵道。

我在心裡默念佛號。二〇二一年四月二日早晨，一輛來做「山側邊坡安全防護設施工程」的卡車滑落鐵道，不幸被載滿旅客的四〇八次太魯閣號列車迎頭撞上，造成四十九人死亡，是台鐵近六十年死傷最慘重的事故。

「司機員一出隧道，卡車就掉在眼前……做什麼都來不及了。」蘇醫師表情沉重地凝視現場。

離開事故現場前，我提醒隊友，「記得沿著台九丁的指示走，我們終於要和汽車說掰掰。」果然，一進蘇花舊道台九丁，車流量驟然下降百分之九十，眞是鬆了一大口氣。原以爲可以好好欣賞不遜於清水斷崖的美景，不僅風雨迎面襲來，氣溫也驟然下降，東北季風比氣象預報早幾個小時報到，使我們面臨上坡又逆風的雙重考驗，隊伍也越拉越長……

原本走在前面的水瓶子，不知何時緩下步伐，用他高大的身材，爲走在後方的黃老師「破風」，素鈴見狀，示意我和她一左一右夾著老師，活動盾牌焉然成形。四人緩緩前進，根本看不到任何隊友的車尾燈。

不知前進多久，帶頭的佳蒨傳來「找不到可以遮風避雨的地方，只能繼續走」的訊息，看了心情一沉。如果不能定時休息整隊，不僅無法掌握隊友的身體狀況，隊伍也會越拖越長……

「仁和車站是最後逃脫點，接下來有九公里，才到終點和平。」我發出簡訊提醒隊友，如果體力下降太快，可以搭一段火車，最後卻只收到幾位隊友打算去車站借廁所，將速速歸隊的回覆。看來，眾人不只意志堅強，且不想在低溫中停下來休息。

佳蒨開始從仁和倒數計時，每十到十五分，就發出距離終點還有幾公里，或者是經過什麼地標的簡訊。但我漸漸發覺，自己經過提示地標的時間越來越長，心裡不禁狐疑，「這傢伙到底走多快！」直到收到她發來終點和平車站的照片時，我決定和一路走在一起的黃老師開始倒數，「最後三公里！」我出聲大喊。

黃老師在每五百公尺一次的倒數聲中，平安達陣，隊友立刻獻上剛買來熱呼呼的麵線，且齊聲保證，「我們吃完就活了過來。」回程車上，我忍不住查詢氣象局網站的天氣紀錄，果然在形成人形盾牌的時間點，最近的觀測站測到相當於輕颱的九級陣風。

｜蘇花公路俯拾皆絕景

第 11 回

行百里半九十

和平—南澳

台泥 DAKA 園區・百里分石碑・漢本海灘・蘇花觀音石・
莎韻紀念公園

敏惠、麗娉和我提著兩份熱呼呼的林場肉羹，站在羅東車站月台等候往和平的區間車：如果一切順利，發車前十五分鐘，蘇醫師從台北過來的太魯閣號會先到。

「車子在松山停好久，可能有半小時吧。」收到蘇醫師第一通簡訊，我還在客運上，先回傳：「列車只要在抵達羅東前，追回延誤的十分鐘，妳就會接上。」並要她等我再傳備用的 Plan B。

我會這麼說，是因爲台鐵編列時刻表的各站抵達與發車時刻，其實都有預留時間。儘管從松山到羅東要追回十分鐘不太容易，但我不希望蘇醫師一路坐立難安。吃完肉羹回到車站，看板顯示蘇醫師搭的班次將延誤二十分鐘，我建議她到車站附近逛逛，搭兩小時後的下一班區間車，到和平的前一站漢本車站和我們會合。

三人照原定計畫上車，我和初次見面的麗娉繼續聊照護經。她比我強大，一個人要照顧三位有各種健康問題的長輩，「幸好家人相互支援，週一到週五一打三，週末姐妹來接班，我就放風出門四處趴趴走。」聽起來就是舉重若輕的照顧達人。

車過東澳站，換迺燕傳來簡訊，說他被導航耍了，正開車離開武塔村趕往車站，不知道能不能搭上車。他原本的計畫是從花蓮出發，先把車停在今天預定的徒步終點武

｜左：通過宜蘭與花蓮縣界大濁水溪的列車｜右：蘇花公路進入宜蘭南澳鄉，仍不時有落石

塔，再和我們一起搭車到和平。

我聽了一頭霧水，便打開 Google Map，試著理解他發生什麼事。原來，武塔車站不在村子裡，有將近一公里的路程……

正當我向敏惠麗娉說明王醫師的狀況時，列車緩緩駛進武塔站，三人伸長脖子望向月台，直到車門關閉，列車尚未啟動瞬間，洒燕夫婦突然出現在車窗外，目送我們離去……

洒燕不久再傳來訊息，他和太太打算開車回頭，請我們在和平稍候，「沒問題，我們會把台泥 DAKA 園區再逛一次。」

台泥 DAKA 園區所在地，是花蓮最北的原住民部落和平村。和平原本叫做「克尼布」（Knlibu），太魯閣族語是「包圍敵人的地方」，因爲數百年前太魯閣族常和南澳來的泰雅族人，爲了爭獵區在大濁水溪口互相攻打。

由於這一帶山脈蘊藏作爲水泥主要原料的石灰石礦，加上一九八〇年北迴鐵路通過，政府展開了水泥業東移計畫，就地開闢生產專區，興建電廠、工業港，二〇〇〇年十二月，「和平工業區」正式掛牌。每次火車經過這裡，我總覺得這個遺世獨立，卻充滿煙囪與工廠的村落，與周遭的青山大海極不協調。

二十年後，工廠向民眾開放了，自稱是「零廢棄物、低碳排之循環經濟示範基地」，宣示要與社區聚落共生——看完園區簡介，我站在廣場中心的音樂噴泉旁，看著還沒開始營業的市集、便利商店和星巴克咖啡，不禁想問，「誰來告訴我 Knlibu 的本來面目？」

因爲有蘇花改，迺燕與皖芬回頭不到半小時，已和我們在園區碰面。即使一路提來的肉羹已經涼了，兩人不好辜負我們的心意，依舊悉數下肚。

一出和平村，路線較接近出海口的蘇花改，立刻與舊蘇花台九丁分道揚鑣。我從上游再次凝望這個濱海的工業區，正好看見橘色車頭的莒光號，緩緩駛過雲層厚積的灰色海口準備進站，似乎帶著一種無名的哀傷。

台九丁爲了過大濁水溪，向上游繞了一個大ㄇ字後，新舊線再度上下交會處，也就是公路局興建時出土的漢本遺址。考古團隊判定是距今一千二百至一千六百年前的金屬器時代文明，與八里的十三行文化相關，是一個有完整組織的社會，且和海外有貿易往來。但我記得當年蘇花改工程因遺址考察暫停施工，時任花蓮縣長傅崐萁曾對記者表態：「活人重要還是古人重要？」引來支持將「漢本文化列爲國定遺址」的民眾，一度集結於交通部前抗議，希望保護考古工程持續進行。

如今，蘇花改和平以北的路段通車了，多數的遺物出土區，也被指定爲國定考古遺址，走過漢本聚落，又恢復往昔的寧靜，似乎只剩縣境北方的蘭陽博物館，能不定期看到出土的文物。

一行五人陸續走進車站，與順利搭上晚一班區間車的蘇醫師會合，但皖芬決定從漢本搭車到終點等大家，因爲：「穿了不對的鞋，再走下去會起大水泡。」

健康的雙腳是徒步者最重要依靠，只是讓皖芬在荒涼的武塔車站等候，眞不知她要如何打發時間，我試著詢問隊友，「如果我們往前多走個三公里，讓皖芬在南澳車站等，比較不會那麼無聊……」

「今天已經偷懶少走一大段，當然沒問題，要看其他隊友的狀況。」蘇醫師率先表態。

「這樣總里程大約多少？」理工女敏惠提問。

「不會超過三十五，還剩下二十五。」我看向第一次參加的麗娉。

「敏惠沒問題，我就沒問題。」她爽朗回應。其實，根據方才暗中觀察，今天的隊友都是勇腳，我才會在「半分」提出加碼延長賽。

「半分」是漢本的舊名，因爲當年臨海道路至此路程正好一半，故名（はんぶんHanbun）。一九八〇年北迴鐵路設站，轉成台語發音的「漢本」正好同音。

經過半天折騰，一行六人終於到齊，分頭前進前，特意在站前的紀念碑**百里分石碑**留影——「行百里半九十」，是我跨進宜蘭縣，環台行程剩下約四分之一的心境。

看完**漢本海灘**最後一眼，台九丁開始爬升，天也開始落雨。跟上回相比，今天是早春的霪雨，撐傘也不會形成上坡的阻力，只是路面不斷出現體積不大的落石。我仰望左側裸露的岩壁，決定從包包拿出工地帽乖乖戴上。

蘇花觀音石是我們預定的休息點，爬了五公里的坡，也該補充熱量。所謂的觀音石原本是一顆巨大落石，一九九三年三月彎道改善工程施工期間從天而降，落在名爲觀音（舊名鼓音）的地方，公路局與地方人士決定在這塊石頭畫上觀音供奉。

石觀音上方有個大約十公尺高的半圓形水泥掩體，也是南來北往的行人最佳休息所。大家各自拿出預先準備的午餐使用後，我簡述 Google Map 的資訊，前方還有兩公里半的緩上坡，之後不是平路就是下坡。

眾人相互傳遞「收到」的眼色，便背起背包撐起雨傘上路。在台九丁進入南澳溪

怕遭落石擊中的隊友，這回繼續戴上安全帽走路

看到漢本車站前的百里分石，表示蘇花公路已過一半

流域前，只要公路蜿蜒到太平洋側，就是等比縮小的清水斷崖。而寬敞的省道，幾乎半小時才通過一部車，根本是豪華步道。

迂迴前進的台九丁，要跨過南澳南溪與南澳北溪，才會抵達南澳車站，也是今天的終點。正當我想追趕數百公尺前的隊友，卻在過了南澳南溪，遠遠看見有類似日本鳥居建築的**莎韻紀念公園**。

莎韻是一位生於二戰前的泰雅族少女，當年住在離現在武塔村有段路的流興社部落。一九三八年九月，因爲幫忙被徵召上戰場的日籍老師搬行李，不慎掉落溪水暴漲的南澳南溪失蹤，最後只找到行李。

經由當時第一大報「台灣日日新報」披露，加上半官方團體推波助瀾，莎韻變成「愛國少女」。到了一九四一年，台灣總督還在總督府親自接見莎韻的家屬，並獲頒一座刻有「愛國乙女サヨンの鐘」（愛國少女莎韻之鐘）字樣的銅鐘。

｜左：蘇花觀音石原本是塊大落石，當地居民就地取材，畫上觀音供奉｜右：南澳郊外的莎韻紀念公園

台日兩地刻意大幅報導，莎韻的故事不僅多次搬上舞台，還譜了一首傳唱至今的歌曲（戰後被塡上中文歌詞的「月光小夜曲」），一九四二年甚至重金禮聘女星李香蘭來台，擔任改編電影的女主角。一九四四年，寫入小學教科書……

隨著日本戰敗，莎韻傳奇退燒數十年，卻於上世紀最後十年再起，才有眼前的紀念公園。更有資深山友暨金控總經理林克孝，偕泰雅族青年花了七年時間，探查莎韻之路及周邊古道，留下動人的《找路》（二〇〇九）。兩年後，林克孝在附近山區墜崖，生命畫下終點，也成爲傳奇。

我並未走進公園，腦子卻因那一瞥，勾起一個又一個傳奇的記憶，直到終點南澳車站。與隊友會合不久，開往花蓮的列車就要進站，迺燕夫婦得先離開，大夥兒忙著道別時，皖芬提醒夫婿：「剝皮辣椒分給大家了？」迺燕才想起背包裡有四個瓶子，眾人不禁驚呼，「天啊，你就這樣一路背著？」

第 12 回

短暫存在的大南澳國

南澳—南方澳

烏石鼻海岬・開路先鋒爺廟・粉鳥林・南方澳漁港

｜利用在羅東的轉乘時間，與當地人一起吃油飯當早餐

清晨七點，敏惠、麗娉和我又在羅東街上，利用轉乘時間覓食，上回是肉羹，這回想嘗米苔目，卻遇上店家休息，最後吃了油飯。

「尋找小吃能增加走路動機。」敏惠在月台候車時笑著說道。

「雖然不是美食特攻隊，進入蘭陽平原後，會嘗試安排讓行程都有海鮮……」我之所以這麼說，是因爲在家研究地圖時，發現沿台二線繞行北海岸回到出發點，會經過許多漁港。

和上回一模一樣的轉乘計畫，蘇醫師這回順利接上，曉卉卻沒搭上預定的客運班次，只能接下一班火車到東澳會合。半小時後，我們比上回提早三站下車，抵達曾經短暫存在的大南澳國——一七八二年，匈牙利軍官貝尼奧斯基，向奧國國王約瑟夫二世

（Joseph II）獻策，計畫從大南澳登陸奪取台灣。由於計畫未獲採納，貝尼奧斯基無緣到亞洲實現的殖民夢，卻在將近九十年後，被一個叫荷恩的英國人實現了。他因協助尋找在墾丁外海觸礁的羅妹號失蹤船員來台，經同鄉必麒麟介紹，得到駐淡水德國商人美利士資助，帶著五、六名洋人與三十多名噶瑪蘭人，一八六八年從南澳溪口登陸，伐木墾荒，建築土堡，向居民抽稅，儼然有「大南澳國」之姿。

清廷聞之，決定透過外交途徑抗議。英國領事表面同意荷恩撤出，卻遲未行動，還宣稱「大南澳」是生番居住地，不屬清國領土。隔年派出軍艦，停留大南澳外海三日，以行動宣示荷恩屯墾的正當性。若非當年十月，荷恩因船難溺斃，不知「大南澳國」會如何收場。

英國勢力離開後，福建陸路提督羅大春，於一八七四年來台協助北台灣防守及開山撫番業務。修出一條「北路」（蘇花古道），並留下一塊開路紀念碑，目前放在南澳郊外。

「今天不會繞路去震安宮看石碑。」由於這回預定走到三十公里外的南方澳，還要繞道東澳粉鳥林，不宜耽擱過久，我告訴隊友「改天再專程來」，要連殘留的神社、部落、森林步道及海灘一起巡禮，看看這個被日本殖民政府從山區迫遷到河口，看似遺世獨立的泰雅族部落，為何命運多舛，百年來不只經歷過西班牙流感、瘧疾、痲疹等疫病肆虐，連 COVID-19 確診率，也高居全台之冠。

由於無蘇花改分流，蘇花公路南澳至東澳間車輛不少，我一再提醒自己與隊友，無論是回望平原風景，還是在盤旋爬升的轉角眺望**烏石鼻海岬**，都要萬分小心。穿過長長的新澳隧道，公路開始快速下降，腳下就是東澳灣最南端的粉鳥林漁港，可惜無法乘飛行傘，直接降落在那一片蔚藍，必須先到數公里外的東澳車站，循附近的鄉道東澳路進入。

我對網路近年以「台版下龍灣」之姿爆紅的粉鳥林並不陌生，因為三十年前到羅東博愛醫院實習時，不只一次來到這片野鴿子群聚的海灘。反而在防波堤延長、漁港擴建後，多年未訪這個聲名已不脛而走，且有公車直達的「秘境」。

我們四人抵達東澳車站時，起點在蘇澳轉運站的一二一公車尚未發車，比我們更早到的曉卉想必閒得發慌，已先往三公里外的粉鳥林走去。

「下車後向港口直行，經過一排攤販，會看到海堤邊有扇門，我就在門外的海灘上。」四人依曉卉指示，魚貫出了那扇門，領頭的我卻在一群看海人中，發現一個熟面孔。

「學長！」我對著一個中年男子大喊。不只是他，連坐在離他幾公尺外的曉卉也回頭了。

劉致和學長一臉驚訝，來自同一校園，卻因虛擬世界相熟的臉友竟然相遇於海角，曉卉與學長的家人不約而同起身，忙著幫我們拍照留念。

「你是第二個和我不期而遇的系友，不知道什麼時候會遇到下一位？」因爲漁港旁的回程公車即將出發，只得與學長匆匆道別。

車上只有我們五個乘客，沿東澳灣向北時，我指著懸在半空中的公路說道，「吃完午餐，我們也會走到哪裡，變成火柴盒汽車旁的小螞蟻。」

我們隨意走進台九線旁的平價海鮮館吃合菜，開始落實「週週有海鮮」的計畫，但我向大家預告，終點南方澳才是海產店戰國區，隊友邱瑞祥學長已傳授我口袋名單，「妳以前常吃的那家還是很有名，但這家的烹調方式比較新。」原本打算同行的學長熱心推薦。

出發三公里，我們來到東澳灣北角的蘇花公路**開路先鋒爺廟**，這裡有一座紅色的小祠堂，紀念從日治到民國的開路殉難者，也就是將戰前已經豎立的「遭難碑」，陸續添上殉職人員名單，改成「開路先鋒碑」。一九九六年前後，長期承包蘇花公路改善工程的李朝松發起蓋廟，感念先人奠下基礎，自己承做工程時，才能順利完工，也就是我們眼前的「慶安堂」。

「南邊那個像烏龜頭的海岬叫烏石鼻，下方就是**粉鳥林**。」爬高近二百公尺，我們對著東澳灣指手畫腳，只是雲霧漸起，心裡祈禱待會兒不要下雨。

繼續前進兩公里，還有一塊石碑，紀念二〇一〇年十月一場颱風環流造成的土石流，奪走來自中國廣東旅遊團、本地司機、導遊，還有路過的用路人共二十六條寶貴性命，是通車以來最慘重的災難。安魂碑最後寫著，「縱浪大化中，不喜亦不懼，應盡便須盡，無復獨多慮」，實在是難以企及的境界。

過了烏岩角觀景處，東澳灣從視野消失，我們繼續爬坡，直到海拔三百多公尺的最高點正道橋，南方澳開始在雲霧中忽隱忽現。

「再五公里多就是南方澳觀景台，那裡有條小徑直下漁港，在搭上回台北的直達客運前，一定要好好吃一頓海鮮晚餐。」謹記敏惠肺腑之言，我拿出美食懸在前方，鼓舞走了將近兩小時上坡路，滿臉通紅的隊友。

令人傻眼的是，抵達南方澳觀景台前方數百公尺，竟然出現圍籬，眼看觀景台被團團圍住，無法接近小徑，意味著得多繞一小時的路⋯⋯

網友稱為台版下龍灣的粉鳥林海灘

由於南方澳觀景台改善工程封路，明明終點在望，必須繞路多走五公里，大夥兒覺得好洩氣

「圍籬看起來很新，像剛架起來的，裡頭應該還沒動工，我們從縫隙鑽進去！」我在鐵絲網外張望。

「還是不要，萬一出包上新聞，不好看吧。」蘇醫師和曉卉覺得我的提議太大膽。於是，我們心有不甘卻老老實實前進三公里，直到蘇南路右轉，不只多踢了五公里路，也耗掉預留的海鮮時間。

「應該可以趕上從南方澳直達台北的末班客運，如果還要吃海鮮，就得到蘇澳轉乘火車回台北。」我在下坡趨緩的公路盡頭，宣布兩個選項。

家中有三位長輩等候的麗娉看來歸心似箭，其他隊友覺得不去拜訪學長的愛店很可惜。「好吧，就豁出去了！」麗娉決定和我們同方向，在街燈漸漸亮起的**南方澳漁港**，朝海鮮餐廳前進。

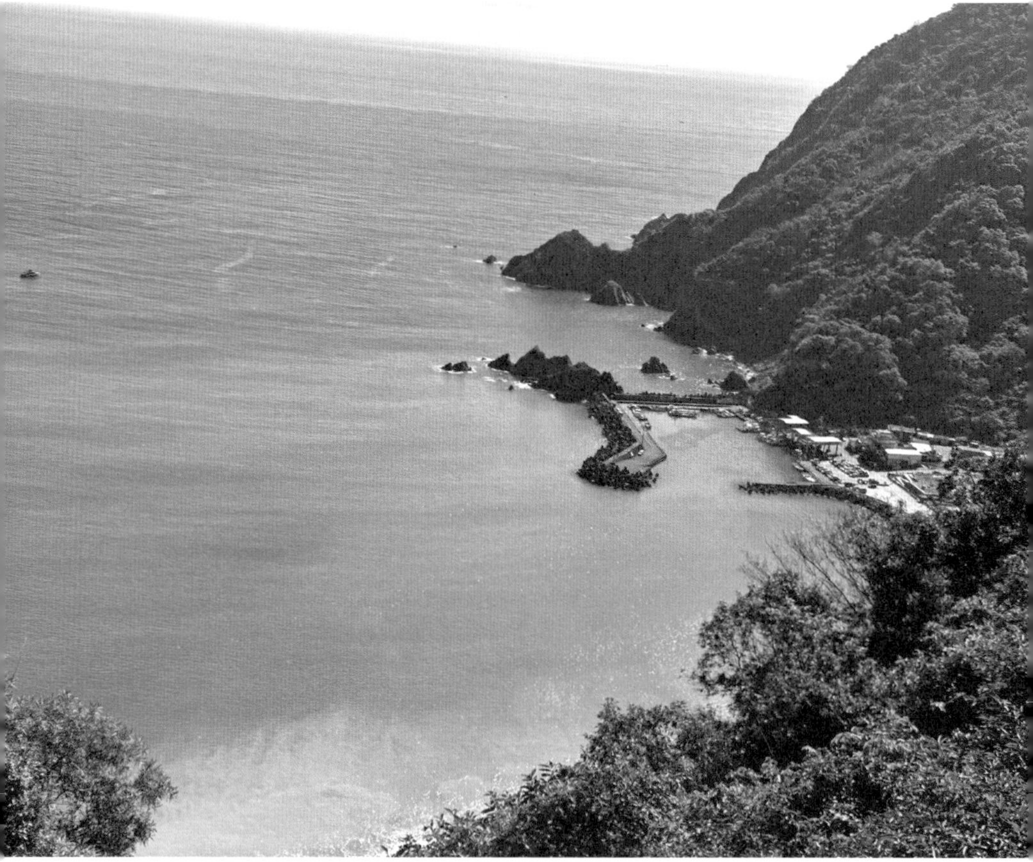

從蘇花公路俯瞰東澳的粉鳥林漁港

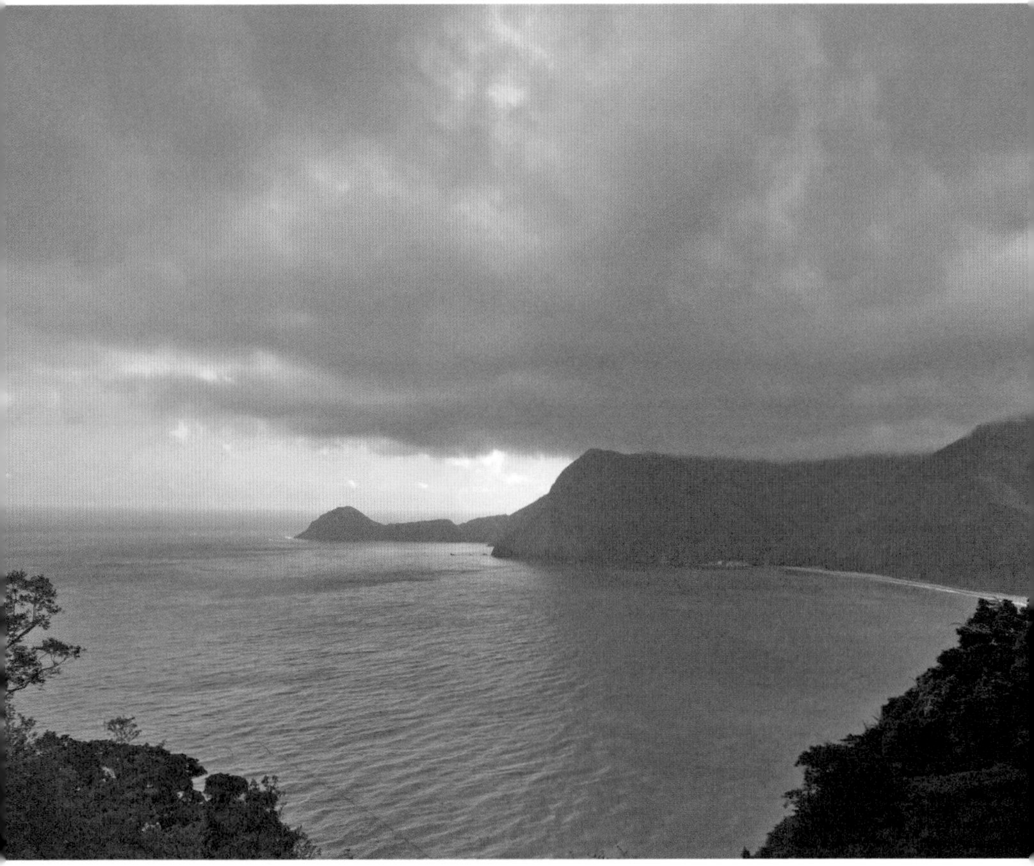

｜中午過後，原本晴朗的東澳灣風雲變色，烏雲差一點兒遮住烏石鼻

第 13 回

噶瑪蘭少女的傳說

南方澳—二結

內埤海灘・造船區・豆腐岬・跨港大橋・蘇澳冷泉公園・
冬山伯朗大道・奉尊宮

｜早起的羅東人有米苔目吃

我們一行人在羅東轉運站，順利搭上往南方澳的「宜蘭勁好行」。客運車程約一小時，除了飽覽窗外鄉間的風景，麗娉、敏惠和我的嘴角，還留著佐米苔目的紅蔥餘香回味——上次沒吃到的小吃攤終於開門了。

我坐在車廂後端，方便照看隊友，蘇醫師今天和她以前的同事紀姐同行，曉卉帶著親姐小梅，兩兩並肩坐著；經過蘇澳火車站時，還有在中壢開業的邱瑞祥學長上車。我在車上暗暗盤算，「待會兒隊伍別拉太長，要把新隊友顧好。」

這回的起點是南方澳漁港，我們決定取道內埤海灘、造船區、豆腐岬、繞港區一圈，再從新建的跨港大橋離開。

從**內埤海灘**南望，是蘇花公路若隱若現的斷崖，以及如裙裾的海灘，讓我想起一路至今順利平安，一定有老天冥冥相助。懷著感恩之情，看到海濱北邊的觀音像，我再次默禱，同時交代隊友，這回由蘇醫師領頭，請大家不要超過她，我則押

左：隊友敏惠在豆腐岬海灘，憑弔一百七十多年前在此癡癡等待情人的噶瑪蘭少女羅茱
右：從重建的南方澳大橋，向北眺望蘇澳港以及成為軍港的北方澳

在隊伍最後。

通過沒落的**造船區**，有一片雜林，接著就是**豆腐岬**。我和隊友貪戀陽光，站在海灘瞇眼看著海平線，突然想起一百七十多年前，有個叫羅茱的噶瑪蘭少女，也在這裡癡癡等候。

故事要從一九二四年蘇澳當地的報紙連載說起，郡守齊藤濟之助表示，曾任宜蘭廳長的西鄉菊次郎，造訪過南方澳漁民劉武荖，因爲他認定這位漁民是自己同父異母的哥哥，也就是西鄉隆盛在一八五〇年奉薩摩藩主之命，秘密前往台灣調查時，和當地女子生下的孩子。

「哇，這麼久的八卦也被妳挖出來。」曉卉忍不住打斷。

「沒錯，一九三〇年代，還有個叫入江曉風的日本人，正經八百寫成一本書；另有人拿西鄉族譜做文章，爲什麼長子取名『菊次郎』，只因『太郎』另有其人……」

「好像有幾分道理。」蘇醫師答腔。

「不只兒子，連孫子的姓名都有。」我講得口沫橫飛，最後不忘拉回史實，因爲所有言之鑿鑿的證言，都能用西鄉隆盛的年表打臉，「只能說，人們對英雄的浪漫傳奇，也可以說是八卦，總是百聽不厭。」

在沒有**跨港大橋**的年代，從南方澳到蘇澳，不是經由內埤（陸路），就是搭渡輪（海路）繞過漁船出港的航道。直到一九七六年興建「跨漁港航道高架橋」，原本的陸連島南方澳，終於有了環狀路網。

然而，多數人記憶中的南方澳大橋，是一九九九年至二〇一九年間的第二代橋。因爲有了它，不只大型漁船不再因一代「駝背橋」橋身高度被限制進出，還可以站在造型優雅的橋上，無論向北展望蘇澳商港與軍港，還是向南回首南方澳漁港，都令人難忘。地方政府還會在每年七夕，將它妝點成鵲橋辦活動。想不到，二〇一九年十月一日，因長年檢測與維修不當，大橋轟然斷裂，不但壓毀橋下三艘漁船，橋上還有一輛油罐車掉進海裡，宛如災難片的畫面，一直留在我的腦海裡……

站上去年重建的第三代大橋，我試著不要想起斷橋，盯著一艘又一艘的漁船，從蘇澳港慢慢轉向，自橋下通過。

「如果北方澳不要變成軍港，三個『澳』一起發展，不知道這個四百年前被西班牙人標記爲『聖羅倫佐』的天然良港，會是什麼樣的光景？」

「還有西班牙名啊？」敏惠聽到有些驚訝。

「其實，現在的地名還是有點關係，後來的福建泉漳移民，把 San Lorenzo 音譯成『路連蘇澳』，再簡稱爲蘇澳。而泉漳語裡的『澳』，是港灣的意思。」我把歷史小說《艾爾摩沙的瑪利亞》看來的知識，拿來說嘴。

「從聖羅倫佐變成蘇澳也差太大，不過，我們繼續往北，不也會走過『聖地牙哥』？」

「用閩南語發音，三貂角是不錯的音譯啊！」下橋前，我又細細記下眼前的藍，希望能覆蓋二〇一九斷橋的驚悚記憶。

離開港區，我們沿著連接市區的公路，過了白米河後，路上人車熙熙攘攘，我暫停等候在橋上取景的敏惠，再到**蘇澳冷泉公園**休息。

「這橋風景雖美，卻是個令人傷心的地方。」我的歷史癖頻頻發作，說起二二八事件爆發後，在附近蘇澳水泥廠工作的主任秘書張雲昌，被一群軍人押到白米橋，就在橋邊的郵局前當場擊斃。可我說完故事，卻繼續喃喃自語：鎮上還有多少人記得這個發生在身邊的悲劇……

冷泉公園稍事休息，我打算沿台二戊線經馬賽，取道三奇美徑，再到冬山吃午餐。

在雨中跨越冬山河

「馬賽，怎麼穿越到法國去了。」麗婷笑道。

這也是我從小的疑問。每次來蘇澳，看見往馬賽的指標，總會產生一絲異國遐想。後來才知道，馬賽和十七世紀台灣北部原住民馬賽（另譯巴賽）人在蘭陽平原的活動有關，清朝末年已成爲一個地方行政單位「馬賽庄」——「難道我們都有崇洋傾向？」我不禁產生這樣的聯想。

過了一條荒溪，我照 Google Map 取鄉道，前進三奇村的「**冬山伯朗大道**」起點**奉尊宮**。看著省公路旁工業區的廠房與煙囪越離越遠，最後成爲水田的背景，眼前飛過因我們通過驚起的鷺鷥，讓我想到畫家席德進，曾經創作一系列蘭陽平原地景的水彩作品，除了沒有插秧機，我們簡直是走進畫中。

不知何時起風，雲層從海上襲來，蓋過天邊的藍，我們到達奉尊宮前，已開始飄雨。祀奉玉皇大帝的道觀，頓時成爲我們遮風避雨的場所。

畢竟是斷斷續續的春雨，阻擋不了隊友四周取景的興致。

春耕時節，冬山鄉處處可見插秧機

蘇醫師惋惜早來一週，因爲尚未插秧的稻田，從米粒狀的畫框望去，只有一畦畦田水。

一路陪我押隊的邱瑞祥學長突然表示，「今天穿的健走鞋怪怪的，再走下去腳板會起水泡，恐怕得先撤退。」

「中午休息的冬山老街離這裡大約兩公里，旁邊有火車站，可以撐到那邊嗎？」水泡眞的是徒步大敵。

「兩公里還行，跟大家一起吃完午餐再走。」學長爽快回應。

初春的老街異常冷清，我們幾乎沒有選擇，只能走進一家週日營業的泰式簡餐店。用餐後雨勢轉大，大夥兒決定先陪學長走到車站再說。

冬山站遠遠望去，像一個大瓜棚，它是東台灣第一個高架火車站，從老街出發，必須穿過的農創園區，看來是個「又吃又有掠」的地方，所幸今天參加的隊友都沒有爆買體質，得以平安通過。

我們在車站觀望雨勢好一陣子，當學長搭乘的列車即將進站，我再度提起午餐時間已問過隊友一輪的問題：「根據天氣預報，這雨會一路下到晚上，無論是不喜歡穿雨衣走路、鞋子不合腳、還是身體有狀況的，車子就要來了，不用硬撐……」

列車只載走學長一人。眾娘子軍穿上雨衣，沿著鐵道旁的步道，走進冬山河森林公園生態綠舟，渡河後沿著台九省道旁的鄉道，穿過一片開闊的平野進入羅東。和花東縱谷徒步不同，這一帶種稻也「種屋」，且屋主各個挖空心思，妝點自己的「農舍」，形成蘭陽平原特殊景觀。

棋盤式農路是這裡另一特色，和蜿蜒的三奇美徑形成對比。我推測這一帶是冬山河截彎取直後的重劃區，道路命名亦呈現可循的規律。沿著幸福三路往北，跨過珍珠二路、珍珠一路，再來就是「武罕」系列的一、二、三路，我頓時心頭一驚：武罕不是散文家簡媜的故鄉嗎？只不過眼前還是剛插秧的田地，不是《月亮照眠床》中以一種所向無敵的姿勢，在你面前翻騰的稻浪。

當田地越來越少，房子越來越多，就進入了羅東鎮。爲了暖和冷雨中行走兩小時的僵硬四肢，我們選定鎮上有名的紅豆湯圓店，當作下午的休息站。一碗紅豆湯下肚，全身暖呼呼，也給足眾人最後四公里徒步的能量，順利抵達預定的終點二結火車站。

第 14 回

斜風細雨，石港春帆

二結—外澳

蘭陽大橋・二龍河・頭城・蘭陽博物館

二結車站外的雲層與氣溫都不高，和新朋舊友見面的熱情形成對比。

天未亮從花蓮搭上第一班車的迺燕與皖芬，第一次參加的 Janette 與 Alex，還有幾乎成爲徒步班底的蘇醫師、紀姐、敏惠與麗娉，一見面就聊開來。在得知 Janette 是我參加的健身中心的教練，本行資訊業的 ALex 是 AED runner，也就是馬拉松賽事中具備急救技能，並背著自動體外心臟電擊器陪跑的跑者，蘇醫師立刻要「兩位職業選手手下留情，今天請多包涵我和其他的業餘肉腳」，引來一片笑聲。

一離開車站，我們陸續看到往三結、五結的路標，紀姐笑問，「宜蘭怎麼處處打結？」

蘭陽平原確實充滿了以「結」、「圍」、「城」等字構成的大小地名，是清朝嘉慶年間漢人入墾的遺跡。以吳沙爲首的墾拓集團，因爲經歷林爽文之役，頗有軍事化組織的色彩，除了行動有效率，他們還會將數十名佃農集合成互相合作的「結」，並由出資較多或通曉事理的人擔任小結首，從數十個小結首，再推出大結首，而「圍」則是大結首管轄的範圍。

開墾完成，數字連結的組織轉變成村莊地名，於是二結、三結、五結、頭圍

｜左：過了竹安溪口繼續向北，即將進入頭城。一百五十多年前，馬偕曾在附近創建的打馬煙教會，已被海水吞沒｜中：二龍河上的礁溪防潮閘門｜右：沿著二結火車站附近的水圳

（城）、壯圍等新地名，取代原本「蛤仔難三十六社」的聚落，噶瑪蘭人不是漢化，就是遠走他鄉。

眾人隨 Janette 與 Alex 登上台九線**蘭陽大橋**。仔細觀察，寬廣的橋面其實是北上南下兩座橋並列，下游還緊挨著一座已經封閉的舊橋，以及通行中的鐵道橋，多橋一字排開，陣仗驚人。

過去可不是這樣的光景。最早的木造橋，不只橋墩遇豪雨就被沖毀，甚至無法承載二十人座的客車重量。以至於宜蘭羅東間的公路客運開通時，負責營運的蘭陽自動車會社，得在溪北溪南各設一站，讓乘客下車步行過橋再上車，直到一九三五年第一代鐵筋混凝土橋（目前封閉的舊橋）通車爲止。

Janette 與 ALex 下橋後特意減速等我追上，除了表示蘭陽大橋的故事不可思議，還覺得：「大家的速度並不慢！」

「蘇醫師愛說笑，今天參加的麗娉、紀姐與敏惠都是勇腳。」我同意Janette的觀察，並請賢伉儷為我們配速。

為避免交通紛擾，我事先設計的路線是一過溪就切進與省道大致平行的鄉道向北，並跳過宜蘭、礁溪兩座大城，好好體驗農村風景。跟冬山相比，這一帶田間雖沒什麼民宿，卻有高速公路蜿蜒如蛇般經過。如此一來，蘭陽平原的守護神，豈不是由原本的一龜（龜山島）一蛇（蜿蜒如蛇的海岸線），變成一龜兩蛇？

二龍河是今天遇到的第二條大河，我們開始沿著堤岸步道順流而下，直到兩條支流會合處，附近就是貼著海岸的台二線，預定用餐的食堂也在路旁。

別小看防風林下不起眼的鐵皮屋，其實是家物美價廉的海鮮餐廳。即使天氣低溫又下雨，也阻擋不了饕客們到訪的決心，包括一群走路的人。

餐後，我們先回到堤岸步道走了一段路，再轉回台二線準備過竹安溪——其實，二龍河與竹安溪是同一條河川，只是中游叫做二龍河。竹安溪出海口南岸，過去是噶瑪蘭人的打馬煙社，也是馬偕進入蘭陽平原宣教的必經之地。一八八三年，馬偕在此設立宜蘭地區的第五所教會，由加拿大母會捐款建了一間磚石建造的瓦屋，馬偕在回憶錄《福爾摩沙記事》中曾多次提及。馬偕逝世後，打馬煙教會持續活動，直到一九二三年前後，被海水吞沒。一百年後，我站在橋上望向出海口南岸，想像禮拜堂裡擠滿人，馬偕

｜左：位於頭城老街南側的天主堂，是縣境內唯一圓頂拱門建築｜右：頭城天主堂內部的圓頂與彩色窗玻璃

和信徒「唱詩歌唱到很晚」的美好夜晚。

下了竹安橋，二省道又過了一條小溪，就要進入開蘭第一城「頭圍」，也就是後來的**頭城**。

作爲漢人在東台灣建立的第一個開墾據點，頭圍的商業向來繁盛，直到行政中心移轉到現在的宜蘭市，頭城才逐漸沒落，留下古稱頭圍街的開蘭第一街，也就是現在和平街。我們到達老街前，卻先被頭城天主堂的圓頂拱門吸引。

嚴格說來，一九六〇年完工的天主堂稱不上古蹟，卻是融合西方古典風格與現代主義，兼顧居民使用與宗教聚會等不同功能的特色建築。雖然當天沒有陽光穿過彩色的窗玻璃，禮拜堂內的空氣，仍有一股靜謐與莊嚴，令人不忍離去。

天主堂的大門就對著和平街，有兩座福德祠，作爲老街的南北分界。街道兩側的老屋，不是清代閩南式的紅瓦紅磚，就是日本昭和時期流行的雕飾與彩磁洗石，還有巴洛克式的圓拱與柱列，不難想像當年的繁華。

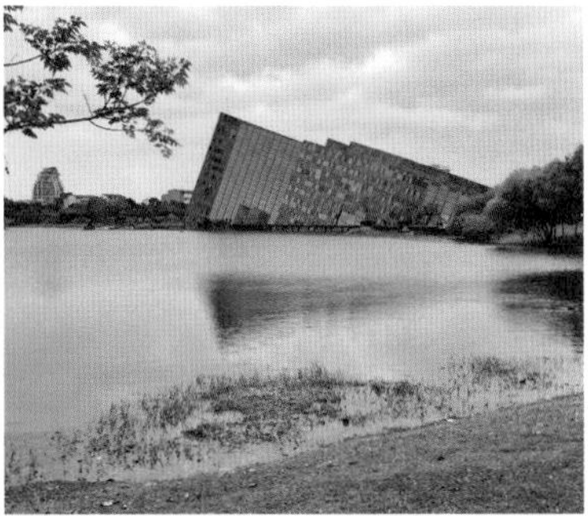

｜左：頭城老街南端入口的老榕樹｜右：由建築師姚仁喜主持的事務所設計與監造的蘭陽博物館，單面山造型建築，與烏石港周邊自然地景相結合

但我無法想像，和平街北段的大池塘，是當年直通頭圍港的河道遺跡，岸邊的兩株老榕樹，則是旁邊的首富盧家綁船的木樁。原本繁忙的河道，因爲一九二四年一場山洪爆發帶來的砂石毀滅，頭城也走上沒落之路。

由於每個人觀看重點不同，我們約在頭城市區北邊的加油站集合，再一起穿越台二線，經過**蘭陽博物館**，來到舊烏石港，也是從清朝就負盛名的蘭陽八景之一的「石港春帆」。而今千帆過盡，只剩濕地的水塘，倒映著單面山造型的博物館。

「龜山島也是八景吧？」當麗娉問起，敏惠立刻以Google搜尋，「那是當然的，叫做龜山朝日。」

可惜今日斜風細雨，就連新烏石港也顯得冷冷清清。

拜專業教練配速之賜，大家比我估計的時間提早將近一個小時，抵達外澳車站，於是悠哉悠哉地在無人小站前拍照，聆聽站裡的志工，也是退休的老台鐵講古，直到列車抵達。

第 15 回

蘭陽八景之一，北關海潮

外澳—馬崗

梗枋・北關海潮公園・龜山島遊覽遭難者之招魂碑・隆嶺夕煙・
萊萊地質區・三貂角燈塔

2023.3.3

週五清晨，小梅從內壢搭上往蘇澳的區間車；經過台北，我的徒步固定班底——蘇醫師、紀姐、敏惠與麗娉，加上久違的邱錦榮老師，還有《一路向南》的編輯筱婷，魚貫登上還未滿座的通勤通學列車；車過南港，未收到曉卉上車的簡訊，我趕緊在群組發問，她回報：「因爲太興奮，出門太早，上了前一班車，會在外澳車站等候大家。」

隨手查時刻表，發現前一班可是六點半不到就要上車，「妳也太早了吧？」我忍不住寫下回應。

一過瑞芳，車廂變得空蕩蕩，幾乎變成我們的包車。草嶺隧道後，左側海面多了一隻巨大海龜伴行，隊友連忙搶拍，我老神在在要大家不用急，「今天它會一路陪著我們。」

車進外澳站，發現已經在海邊吹一小時風的曉卉，還有開車從雪隧過來的水瓶子帶著新朋友瑀靜，都已在候車室前的榕樹下等候。

眾人集合在有地圖與車站標示的小廣場，拍出發前團體照。我告訴大家，「今天全程無叉路，經過外澳、梗枋、大溪、大里和石城五個漁村後，就會離開宜蘭縣，繞過三貂角抵達終點馬崗，也是台灣極東的漁村。」我還加了一句，「除了馬崗，每個村

｜左：清晨往蘇澳的區間車，一過瑞芳，只剩下途步隊友｜右：外澳車站是這回途步的起點，眾人精神抖擻，難掩興奮心情

子都有火車站，如果身體有狀況，請不要硬撐，撤退十分方便。」

這是我的肺腑之言。和蘇花公路沿途相比，蘭陽平原簡直是大眾運輸使用者的天堂，讓帶頭的我壓力大減，加上行程當日往返，不用事先找住處，幾乎可以說走就走。

和我並肩行走的邱老師也這麼認爲。她自從兩年前跟我和蘇醫師從鹿港走到西螺，其間起心動念好幾回，卻因路程遙遠，還得在一些沒聽過的村落過夜而卻步，「這下可方便了，我有空就參加。」

走在我前方的是筱婷和瑀靜，都是第一次參加，從後方看去，兩人卻一路聊個不停。當她們停在梗枋橋上看海，我湊上前去，瑀靜說，「我們在聊這年頭編輯難爲，還要陪作者走路……」

「是我自己對走路有興趣的。」筱婷認眞辯駁。

筱婷當然喜歡走路，她可是四國遍路的前輩啊，我們也

一路相伴的龜山島，形狀因觀看的角度略有不同

因此有了《一路向南》的合作因緣。

「跟妳開玩笑還這麼認眞。」當過美術編輯，目前脫離出版慘業的瑪靜笑道。

由於**梗枋**一帶腹地稍大，出現一段比台二線更靠海的小路，領頭的蘇醫師自然而然帶著大家，走進海景第一排。

「我發現蘇醫師不只比兩年前走得快，而且快很多。」邱老師和我還在橋上，遠遠看著走在前頭的隊友們。

「蘇醫師的功力是從西岸繞過鵝鑾鼻後大躍進，隊友還封她坡道女王，上坡都不用休息。」我請邱老師按照自己的步伐，蘭陽平原以後的路程適合安步當車。

「我也是這麼想才歸隊的。」老師細細看著港內的波光和海上雄偉的龜山島，因爲梗枋是台灣離龜山島最近的漁村。

離開漁港，小路匯入省道，路標顯示前方就是**北關海潮公園**，過去是防止盜匪的最佳關隘，還擁有豆腐岩、小海岬和單面山等豐富的地質景觀，開蘭以降，便以「北關海潮」名列蘭

｜左：從大溪到三貂角，有很多海蝕平台，包括萊萊地質區｜右：舊傷復發的筱婷，幸運搭上從台南來露營的浪流連號

陽八景。

「噫，隊伍一直往前衝，怎麼不進去逛逛？」我嘀咕著，剛才在梗枋海灘忘記交代，北關公園有個很不顯眼的後門。果不然，眾人一口氣走到有商店、停車場的公園大門口吹海風，已經沒人想回頭去探訪公園裡的觀海亭和古砲。

「再五公里就是大溪漁港，今天將在漁市午餐。」眾人得知一片歡呼。可整隊出發不久，我發現筱婷步態不協調，一問才知曾連續徒步一千二百公里的遍路前輩，舊傷復發了。

「我以爲休養夠了才出來，不好意思拖累大家。」筱婷吞下我隨身攜帶的備用止痛藥，踽踽前行，我趕緊用簡訊通知前方的蘇醫師，後方出現傷兵，到了海鮮餐廳就先點菜，不用等全員到齊。

遠遠看見大溪國小的校舍，預告漁港已近，只是筱婷的步態並未明顯改善，瑀靜決定在路邊攔車。

「攔得到嗎？」幾輛私家車呼嘯而過，我心裡不禁暗想，就算有人停下來，這樣貿然上車好嗎？

說時遲那時快，一輛廂型車停了下來，車身漆著「浪流連號」，後座載滿露營野炊的家當。中年大叔樣的車主招呼筱婷坐上副駕駛座，熱情比了個ＯＫ的手勢。

二十分鐘後，瑀靜、邱老師和我走進漁市，找到約定用餐地點，菜已上滿一桌，我們連忙加入趕進度。喝了一杯啤酒解渴，我定睛一看，小梅、曉卉和筱婷並肩而坐，「這三小！你們一定要拍張照。」

眾人會過意，哈哈大笑，三小半路認親，應觀眾要求，連拍數張三姐妹照。雖然疼痛改善許多，爲了避免舊傷反撲，筱婷決定從大溪火車站撤退，本想委請店家叫車，老闆娘一聽，便阿莎力表示，如果不嫌棄，就搭我們的貨車出去。

酒足飯飽，我和隊友在港邊尋找「**龜山島遊覽遭難者之招魂碑**」，漁港雖然不大，我們卻問了不只一個人，才在停車場旁的小丘上，看到台灣最早設立的海難紀念碑。

正午陽光炙烈，除了水瓶子和我兩個歷史控，其他隊友都已在招魂碑旁新建的涼亭納涼，龜山島依舊靜靜陪伴一旁。閱讀完描述事發經過和亡者思念的碑文誌，水瓶子還走近觀察雜草環繞的一對石燈籠，我則逐一瀏覽招魂碑另一面的殉難者名錄，「啊，這是廖瓊枝老師的媽媽」、「那是陳文茜的祖父」……我不斷輕呼著。

｜左：位於大溪港的龜山島遊覽遭難者之招魂碑，見證一九三八年發生的一場船難｜右：三貂角燈塔是台灣島的極東燈塔

打著「國民精神總動員健康週」口號，台灣鐵道部宜蘭旅行社俱樂部在一九三八年五月十九日，招攬了一百一十六名旅客舉辦龜山島一日遊。其中一艘名爲見取丸的遊船，因失去動力又逢巨浪翻覆，奪走二十五條生命，並改變更多人命運。陳文茜的祖父，也是當時羅東街長陳純精長子陳呈雲，就是其中一名罹難者。陳呈雲的日本妻子在船難後求去，留下年幼的獨子，也就是陳文茜的爸爸。雖然在家族呵護下衣食無虞長大成家，然其長女陳文茜出生才八個月，即與妻子仳離……「如果能爬梳到相關資料，或許能驗證我的假說，陳文茜父親幼年的心理創傷，影響他日後與人建立親密關係的能力……」

水瓶子笑我職業病發作，我卻兀自說起另一位罹難者，歌仔戲名伶廖瓊枝的母親。當年才四歲的小廖瓊枝因爲這場船難，失去相依爲命的母親，二戰結束後又接連失去撫養她的外祖父母，年紀輕輕孑然一身，因而投入歌仔戲數十載，

「廖老師的心理韌性令人敬畏。」

「說完啦，我們也該出發了。」當我請涼亭裡發懶的隊友起身時，其實心裡還惦著二省道對街不遠還有間「拱蘭宮」，因爲它是一九八六年從龜山島遷來的媽祖廟，怕耽擱時間，我告訴自己：「頭城很近，下回再來好好逛，連已經復名爲『龜山里』的仁澤社區也一起，最好還能遇到曾在龜山島生活的長輩，說說島上的故事。」

就在前往大里四公里途中，海面開始颳風，雲層迅速遮蔽驕陽，眾人不知不覺加快腳步，離開省公路，切入老街所在的大里路，想像當年從淡蘭古道跋涉的先民，趕了一天的路通過草嶺古道，正在街上尋找留宿場所。而這些行人中，當然包括入蘭二十八次的馬偕。

馬偕不只多次經過大里簡，一八八七年六月三十日，他還在日記寫道，「從打馬煙去頭城，然後去大里簡，對大里簡漂亮的禮拜堂與學校感到非常高興。」

一八九五年後，大里簡教會不知爲何從馬偕北台灣創立的六十間教會名單消失了，我雖不是教徒，仍不死心在出發前找到宜蘭文史工作者吳永華的建議，「您可以將大里派出所（大里路九十四號），視爲地標。」

沿著老街走到海邊，正當我向大里車站張望電影《悲情城市》梁朝偉和辛樹芬母子惜別的月台，隊友卻發現「浪流連號」就在前方。二度相遇的車主楊喬飛，以充滿熱情的語氣告訴我們，傍晚有一群朋友要在這裡ＢＢＱ，他先來勘查場地，還問要不要分享正在煮的咖啡，但我們決定到前方的天公廟休息，因爲天空看來隨時會下雨，浪流連號顯然沒辦法擠進十一個人。

休息後雲更低天更暗，大夥兒只能埋頭前進，難以想像這裡是宜蘭八景之「**隆嶺夕煙**」。跳過最後一個小村石城，進入新北市，公路下方的海蝕平台越來越寬，始終站在浪尖的釣客越離越遠。直到通過寬廣的**萊萊地質區**後，左側的山崖開始出現純白色的**三貂角燈塔**。

「燈塔五點關門，要去得立刻出發。」隊友在山腳下聽完我的說明後分成兩派，邱老師、水瓶子和瑀靜要直接進馬崗，找個地方叫杯熱咖啡暖身；其餘則是堅持到最後登頂。坡道女王蘇醫師，還有規律重訓的敏惠，兩人在最後數十公尺展現實力，一路直上台灣極東燈塔。

待我們陸續下山，水瓶子熟門熟路帶著全體隊友，捏手捏腳通過「常有貓出沒，請減速慢行」的交通號誌，再穿過幾間石頭屋，來到馬崗二十七號。透著溫暖燈光的小咖啡館，不知是手沖的咖啡熱度，還是店主夫婦的暖心，洗去我們徒步的疲勞。

到馬崗找咖啡要當心貓咪

第 16 回

你們一來箪路藍縷，我們就開始顛沛流離

馬崗—龍洞

吉和宮・卯澳・福隆・東興宮・澳底御上陸紀念碑・吳沙墓・新港海鮮・龍洞隧道

大學同學林中一愛上東北海岸漁村，任澳底衛生所主任多年，偕護理長陪大家走一段路

自從在平日聯繫的臉書社團預告，這回徒步有在地的林桑作陪，隊友無不雀躍以待，數名久違的隊友立刻報名響應。

林桑是我的大學同學林中一，任職貢寮鄉衛生所多年，當地人習慣叫他「大箍醫生」。其實他一點也不「大箍」（胖），而是體格壯碩，學生時代不只是游泳校隊，還打橄欖球。

除了代表衛生所的主任與護理長，這回還有四位初次參加的朋友。帶頭的是我和林桑的學長陳擇銘醫師。陳醫師從事婦產科數十年，卻和我因腫瘤醫學教育工作結緣。他一直在關注我徒步台灣的動態，當我邀他一起走路，便欣然帶著家人加入。

至於一路走來的娘子軍團，今天有紀姐、曉卉、麗娉、佳蒨及惠貞出席，我們到礁溪換乘綠十九線公車進馬崗，正好複習前兩回走過的風景。

當我們來到馬崗社區發展協會對面的**吉和宮**，林桑和澳底媳婦淑惠護長，陳醫師夫婦和他的連襟鄭克聲教授伉儷已經在廟埕聊了起來，一行十二人拍完出發照，兩位夫人開車出發，必要時兼任救援保母車。

溫暖的春日，蝸居石頭屋的居民紛紛出來曬太陽，林桑和阿長一路忙著回應鄉親的招呼，「這裡和台北的人際關係很不一樣。」我相信這是被貢寮黏住的同學肺腑之言。雖然台大醫院支援貢寮衛生所的歷史悠久，但林桑是第一位外科醫師擔任衛生所主任，之前都是家醫科學長出任。「我會來這裡，是因應核四建廠期間，需要具備創傷醫療訓練的醫師坐鎮。」核電廠停工前，林桑確實及時處理了好幾件工安事故的傷患。

「雖然是外科出身，在這裡工作後，卻越來越愛看一般民眾。電廠停工後面臨去留，我就選擇留下來。」林桑和我邊走邊聊，遇到一位阿嬤，直說看到林桑經過她家好開心，「這位阿嬤年輕時當過海女。」林桑打完招呼後忙著跟我說明，「海女退休後很多在附近山坡地種菜，直到脊椎關節嚴重退化。如果不肯去開刀，子孫又到都市討生活，就只能困在家裡發愁，眼巴巴等著衛生所的探訪。我覺得這樣不行，試著想解方，曾經建議過另一位阿嬤的孩子，買一籠小雞給阿嬤養，反應很不錯。」

「很像精神科的職能治療。」為了跟上同學腳步，我不能說太多話，免得氣喘吁吁。

「最近不是全台缺蛋？阿嬤的二十隻雞產蛋率很不錯，除了自用、支援在台北的兒孫，上回經過還裝了一盒給我。」林桑建議她擴大產線多養幾隻，阿嬤還笑回正有此意。

說著說著，我們已經出了馬崗，來到另一個聚落**卯澳**，信仰中心利洋宮金碧輝煌，卻難掩漁村的沒落……

「不過妳看那間兩層樓的石頭屋，不久前屋主已申請指定爲歷史建築，從清朝的私人宅第、日本時代培製鰹節，到後來當作撞球場、茶室、碾米廠……」林桑用充滿感情的眼神看著老宅，「屋主『足感心』，希望盡可能維持故鄉原貌。」只是我也聽說，無論是這裡還是馬崗，財團早已虎視眈眈，希望開發成度假中心……

石頭屋不遠是剛過百歲生日的福連國小，近年因爲操場旁七彩的面海看台，已成爲網美打卡景點。經過校舍，一行人重回台二線，準備進入淡蘭古道北路重要驛站**福隆**。記得一九七八年濱海公路開通前，台北宜蘭間的交通，不是搭火車，就得繞過九彎十八拐的北宜公路，「也可以翻山越嶺走古道。」我笑著接林桑的話，「還有從西班牙到日本人統治時代的海路。」

但放心走 Google 沒有的小路，是跟著當地人徒步最大的好處，不用時時死板地貼著公路前進。又過了一個小漁港，我們來到比利洋宮更華麗的**東興宮**，淑惠阿長笑說，

漁村的石頭屋與海邊的鯉魚旗，馬崗正陷入保存與開發的拉鋸

「順道看看下週要辦社區老人健檢的場地，三府王爺和天上聖母都很幫忙。」

兩位開著保母車的女士前來迎接我們，她們方才已利用時間享用福隆星巴克的咖啡與海景。榕樹下稍事休息，並約定好中午見面地點，我們繼續穿過龍門吊橋，沿著往鹽寮的自行車道前進。經過一八九五年五月二十九日，北白川能久親王率領近衛師登陸的地點，隊友們在利用**澳底御上陸紀念碑**基座改建的「抗日紀念碑」前合影紀念，我卻想起歷史的弔詭。

「再走小路去看**吳沙墓**。」當我們經過竹林三面環繞，墓草割得乾乾淨淨的墓園，看見墓碑頂端刻著「開蘭吳沙」，不禁令人想起排灣族詩人莫那能的金句，「你們一來篳路藍縷，我們就開始顛沛流離。」

墓園轉個彎，就看見外海小小的無人島礁「金銀島」。太陽雖大，水溫仍低，還沒有ＳＵＰ或浮潛玩家下海，連隊友也飢腸轆轆快速通過，只留下孤單的燈塔。

我們走進澳底港邊知名老店「**新港海鮮**」，立刻感受到主任級老饕的待遇。老闆娘沒幫我們點龍蝦，因爲季節不對，能上桌的每一道菜，都是叫不出名字的海鮮「旬菜」。叫不出海鮮名字其實是自己偷懶記不住，無論是老闆還是家裡養殖九孔的淑惠阿長，可都逐一認眞介紹。當陳醫師宣布剛才和阿長沿途聊天的小結，希望以後能到貢寮支援駐診，讓婦女們不用跋涉到外地做子宮頸抹片篩檢，回程還可以定期爲隊友配送海鮮，全桌幾乎起立歡呼。

林桑因定居神戶的父親即將抵台，要去桃園接機，無法參加下午的徒步，離開前堅持買單，隊友們只能不斷道謝。爲了躲避正午驕陽，我們在包廂又待了一會兒，老闆娘送客時還不忘交代，以後來用餐，記得報上「林主任朋友」的名號。

離開澳底，我一路默默數著金沙灣、和美、蚊子坑等平常開車呼嘯而過的聚落名字，一步步走向終點。少了在地解說，不只覺得有點距離，還有些寂寞。

到達終點**龍洞隧道**南口前，有一段上坡，也是今天唯一的爬坡路段。開保母車的陳太太與鄭太太不只早已到達，也探訪過龍洞岬步道與西靈隱寺，兩姐妹的回報是，「今天展望極佳，不上去吹風太可惜。」已露疲態的隊友們聽了，瞬間精神起來。

｜上：十八世紀入墾蘭陽平原的吳沙，其後代子孫修葺的墓碑上，刻有開蘭二字｜下：台二線龍洞隧道南口拍照後，右轉往西靈隱寺飽覽龍洞岬美景

第 17 回

奇岩與陰陽海

龍洞—八斗子

龍洞岬・鼻頭漁港・南雅奇岩・陰陽海・八斗子潮境公園

鼻頭漁港

一出瑞芳車站左轉明燈路，遠遠看見公車亭前排隊等候的人龍。我們跟站在其中一條隊伍末端的大叔確認，是不是在排八五六號公車，三人一組的登山大叔親切招呼我們跟上，並提及自己的目的地是劍龍稜，問我們要不要改變行程加入他們？

或許只是閒聊，但我不習慣陌生人夾雜搭訕意味的攀談，便以「龍洞有朋友在等，不能放人鴿子」爲由拒絕。

上車後才發覺，八五六不是一般公車，而是負有觀光任務的台灣好行黃金福隆線，也意味著我們將車遊九份、金瓜石和黃金瀑布後，才會回到台二線前往目的地。

車在山道蜿蜒前進，我盯著窗外，常覺得某

個轉角不是《無言的山丘》、就是《多桑》或《悲情城市》的電影場景。過了金瓜石，多數乘客都已下車，三位大叔也在南雅站離開，整部公車又變成我和蘇醫師、紀姐、小梅、曉卉、麗娉、和敏惠的七人專車。

車過龍洞隧道時，我確認沒有行人專屬的通道，便在下車後詢問大家，包括剛剛加入的水瓶子和瑪靜，要不要走小路繞過隧道？雖然 Google Map 的路徑看起來有斷點，但我研判一定有路從龍洞灣岬直接進入龍洞港。

「讓我看一下 MAPS. ME，這個 APP 的地圖包含 Google 沒有的步道。」常爬山的敏惠掏出手機確認後，我們便安心登上**龍洞岬**，再次眺望從腳下到三貂角綿延近二十公里，也是我們上回一步一腳印經過的美麗海灣。

有了 MAPS. ME 雙重確認，我們放膽沿著港邊的小徑繼續前進，兩旁空地曬滿海菜，形成多彩的漁村風景。進入鼻頭角前，水瓶子在買票才能進入的浮潛園區附近，發現一間地質教室，特別進去瞧瞧，本科出身的他直說，「這裡有講不完的地質故事，荒廢了很可惜。」

抵達**鼻頭漁港**將近十一點，我臨時起意，問大家要不要等餐廳開門，因爲接下來到八斗子，一路雖有無敵海景，卻是飲食沙漠。

｜龍洞灣附近的漁村婦女，正忙著曬海菜

儘管大家已照我的行前建議，備好午餐乾糧，卻全員力挺臨時動議，來到海園餐廳前觀浪，不一會兒就開門了。

由於沒有在地人、也沒海鮮點菜高手同行，我們接受老闆娘的建議，交由店家配菜，果然吃到印象中的海鮮餐廳菜單，有魚有蝦外加當地特產九孔。雖不像上回那麼驚豔，倒是兌現我在南澳跟隊友發下「週週徒步有海鮮，一路吃回出發點」的承諾。

未料離開餐廳時，海面不只起風，雲層也壓得很低很低，和進門前完全不同，海邊的春天，眞是兇惡無比的後母，瞬間變臉。沒帶雨具的隊友紛紛走到對街的便利商店，準備輕便雨衣。

南雅奇岩區很快吸引大家的目光，我們不打算登高，也沒有離開道路去穿梭各種海蝕地形的意願，只想順道欣賞，不知不覺沿著變化多端的奇岩，就到了水湳洞的**陰陽海**。

提起陰陽海，很難不聯想到已經停工的台金公司，也就是

｜上：水湳洞附近的黃金瀑布，因礦脈與雨水的化學反應著色｜下：水湳洞的陰陽海，是東北角海岸特殊的地理景觀

｜蝙蝠洞隧道附近當心蝙蝠的交通號誌。要在初夏繁殖季節造訪，才易與蝙蝠相遇

台版天空之城的十三層遺址。從小聽說是礦場長年排放含金屬的廢水，才讓海灣變成金黃色，且與外海界線分明。還有報導預言，金黃色的海域會在停工後漸漸縮小，未來有機會見證海水再藍。不過，學界近年已推翻汙染假說，認爲陰陽海是採礦後，地質地理交互作用形成的現象。即使台金停工，坑道內的水源仍源源不絕將硫化鐵沖刷溶解，由黃金瀑布流至內九份溪，將礦區內的鐵質持續帶入陰陽海。硫化鐵碰到鹼性的海水，氧化成不溶於水的氧化鐵，加上一起沖刷入海的明礬，便形成一層不易擴散的金色海水累積在海灣內，且隨著潮汐，陰陽交界持續變動。

我們在公車亭改建的陰陽海景觀台避風休息，餐後一個多小時的風中徒步，應該消耗一些能量，隊友們也各自拿出原本的午餐食物分享。

繼續前進約四公里，路旁出現一個奇特的三角形交通標誌，除了寫有「常有蝙蝠，減速慢行」的警語，還搭配大中小三隻蝙蝠圖像。我們走進有各種蝙蝠造型的蝙蝠洞公園，可能因時間尚早且季節不對，沒見到任何蝙蝠。據說每年五、六月，爲繁衍下一代到訪此處的蝙蝠數量驚人。

繼續向前的龍山路，是台金公司經營的鐵道舊線「金瓜石線」部分路段，繞過了後來興建的海濱隧道。從日治中期到一九七九年濱海公路開通前，由水湳洞到八斗子、瑞芳的乘客可以搭火車；戰前甚至還能用貨車將礦產直送八尺門的礦砂碼頭，也是當時的和平島玄關，現在已成爲網美景點的「阿根納造船廠」。由於八尺門至八斗子間的鐵道二戰後便荒廢了，目前遺跡難尋。倒是台鐵後來持續經營的「深澳線」，即使客、貨運在一九七九年後陸續停駛，仍留下不少廢棄的路基、橋墩、隧道與車站。

我站在龍山路上的舊海濱車站前，不禁想像如果全線恢復通車，這一帶將與金瓜石九份觀光連成一氣，屆時蝙蝠洞公園爲了生態保育，可能要管控源源不絕的參觀人潮了。

重回省道不久，又遇到通往深澳岬的岔路，大家決定跳過深澳漁港，以及著名的象鼻岩、酋長岩，把最後的體力留給**八斗子潮境公園**。即便如此，當我們來到公園裡人氣最夯的「飛天掃帚」前，已經跳不起來拍照，只能席地而坐吹吹風。

除了飛天掃帚，公園內還有魚群、寄居蟹等造型的裝置作品，眞難想像原本這一帶

｜八斗子潮境公園內的裝置藝術飛天掃帚，背景是基隆嶼

是珊瑚礁，一九七七年至一九九二年間，變成基隆市的垃圾掩埋場，二〇〇二年才由海科館整理後對外開放。

「要不要去過一〇一高地再回家？」

「先不要。」眾人歸心似箭，不約而同往公路方向前進，在海科館前解散。有人搭車往基隆火車站，有人回龍洞開車，都沒有我從八斗子坐上直達台北的客運省心。

第 18 回

色彩繽紛彩虹屋

八斗子—外木山

一〇一高地．碧砂漁港．正濱漁港．要塞司令官邸．仙洞巖．白米甕砲台

有如地質教室的和平島

我和佳蒨到得太早，算算時間足以在集合前從長潭里漁港經海科館，登上八斗子公園的一〇一**高地**，想不到在崖上遇到紀姐與麗娉，四人便以基隆嶼爲背景，在雨中留下出發前自拍，再往博物館與漁港間的便利商店前進，在地的小歐與其他隊友已陸續到達。

因爲臉書專頁「四國遍路同好會」，我和主持人小歐成爲從未見面的臉友。兩年多前開始分段徒步台灣不久，她就傳訊息告訴我，到基隆讓我陪妳走一段。而今天的行程也是照著她的新作《正好住基隆》，將書中的基隆東西岸散策從八斗子到外木山連成一氣，中午正好在廟口夜市附近用餐。

應該是作家小歐加上基隆美食的號召力，上午行程參加人數破表。我的國中同學林淑玲老師與她的表姐兩對夫婦，敏惠的妹妹雅惠與她的朋友，加上蘇醫師的先生，也

｜左：曾經住過基隆要塞司令官邸的小歐，跟大家介紹她的老家｜右：第一艘南極研究船海功號退休後，放置在碧砂漁港。從外觀研判，並未受到妥善保存

是我的大學學長李醫師，都是第一次參加；還有久違的玲鳳、迺燕及皖芬夫妻的響應，再加上固定班底共十七人，擠在小七門前的騎樓集合時，我笑著跟小歐說，忘記幫妳準備一支大聲公。

一出發就是位於八斗子半島西側的漁港。從現在的地圖看來，八斗子無疑是個半島，可是打開日治中期地圖，八斗子卻是離島。爲了興建需要大量海水冷卻的火力發電廠，塡平三分之二的八斗子海峽做建地，未塡平的部分，則設計成電廠進水口，最後別忘了蓋條從礦區直送燃料的鐵路（深澳線）。

一九三九年開始營運的發電廠，直到一九八一年除役。經過將近半世紀的歲月，半島西側多了座漁港，解決鄰近的正濱漁港空間不足問題，半島東側則變成垃圾掩埋場。隨著發電廠用地改建爲海科館，進水口變成長潭里漁港，加上垃圾場整治成潮境公園，看來未來的八斗子，將朝著休閒漁村

｜跨越台灣島與和平島的和平橋，已有近百年歷史

的方向大步邁進。

「咦，這不是海功號？」

從八斗子漁港進入緊鄰的**碧砂漁港**，迺燕在退休多年的南極研究船「海功號」前停了下來。

「沒錯，當年很轟動，首航南極時新聞報個不停。」押隊的我經過時加入對話。從一九七五年服役到一九九四年的海功號，退休上陸後一直停在這裡。前年（二〇二一）因安全考量一度要拆除，引起地方人士不捨，申請文資保護。

「聽到當下眞的很捨不得，海功號是五年級生的集體回憶。」儘管對迺燕的話深有共鳴，還是得提醒他與皖芬，別跟領頭的小歐落太遠。我猜小歐比海功號年輕許多，才沒停下來懷舊。

一行人浩浩蕩蕩來到小歐的私房景點，海大校園內有如偶像劇場景的海堤，雲層雖低，仍能看見左前方的和平島，還有更遠的基隆嶼。

正濱漁港彩色屋，是基隆人近年光榮感形成的起點

「等一下就要從那裡離開台灣。」小歐指著米黃色的拱橋說道。隔著台灣與和平島的水道，清朝康熙年間就被叫做八尺門，意指出入口極爲狹窄，並非只有八尺寬。直到一九三四年，興建了當時名爲基隆橋（現和平橋）的跨海大橋，這座曾被入墾漢人叫「大雞籠嶼」、西班牙人構築「聖薩爾瓦多城」、日本人稱作社寮島，最後被國民政府改名和平島的小島，和台灣島產生物理性的聯繫。

帶著我們離開台灣的是二〇一五年開通的社寮橋。儘管國境已在七天前完全解封，經過 COVID-19 疫情三年的封鎖，仍讓大家對「離開台灣」有難以言說的興奮。不過半小時後，我們又從和平橋回到台灣，並對著正濱漁港內的彩色屋大拍特拍。

正濱漁港是林右昌前市長任內竄紅的 IG 景點。儘管有人以爲，不過是將岸邊幾間老房子漆上彩色油漆的小事，我卻看成在地人凝聚光榮感的起點。沒落數十年的漁港，甚至整個陰暗灰沉的港都，從此開始翻轉，景觀設計出身的前市長，再藉著「大基隆歷史場景再現整合計畫」遍地開花。

從彩色屋走個十分鐘，是氣派的舊漁會大樓，再十五分是市長官邸，接著就是大沙灣，有要塞司令部、校官眷舍，以及小歐的老家，**要塞司令官邸**。

「爲什麼從小會住在官邸？妳是司令的孫女嗎？」

我相信小歐一定被問過千百次類似的問題，才會在《正好住基隆》第一部細說從頭，只因她任職基隆港務局的外公，打牌認識了住在官邸的司令親戚耿太太，開始向她分租房子。後來因緣際會，小歐一家頂下這間大房子，直到一九九八年軍方收回土地遷離，而出生在這棟房子的小歐，搬家時已經上大學。

起造這間宅邸的是日治時期經營基隆公共汽車的商人流水伊之助。一九三一年落成，一九七三年輾轉成爲小歐的家後，全家爲了維護木造建築與周邊環境，免不了花了一些心力。原以爲遷出就會拆除的老屋，因文史工作者呼籲而留了下來，雖被列爲市定古蹟，仍因缺乏維修日益頹圮，讓持續住在基隆的小歐越看越傷心。

直到「大基隆歷史場景再現整合計畫」找上小歐，請她和家人提供過去的照片等資料，做爲整修參考。從一開始的難以置信，到親眼看著市府團隊一點一滴恢復老宅邸風華，全家百感交集。

「日本房子不好維護，單單大沙灣就好幾間，很燒錢耶，萬一市府沒錢怎麼辦？」擔心繼任市長把錢花到別的地方，我忍不住向小歐提出十分現實的問題。

「我也只能祈禱——市民對城市凝聚的意識越高，後繼者越會戰戰兢兢。」小歐的回答讓我有點不好意思，因爲任何人都比不上學歷史的她，更在乎自己老家的未來。

司令官邸的斜對面就是法國公墓，那又是十九世紀下半葉一頁滄桑史。一八八三年清法開戰，法國的遠東艦隊一度佔領基隆與澎湖，最後受挫於滬尾及疫病，使七百多名法國將士埋骨異鄉。

同樣是大歷史現場再現計畫的經費，整修後的法國公墓與一九四九太平輪紀念公園連成一氣，環境肅穆優雅，不像小歐念書時一片陰森森，上下學的小學生總是跑步經過，不敢逗留。

過了六十二甲快速道路與台二線交會點，我們跟著小歐轉進中船路，來到以咖哩餅聞名的在地餅店，店裡店外盡是識途老馬。我和小歐站在門口，等候忙著擠進去的隊友出來。

隊友各有斬獲，只有我和小歐沒出手，想不到離開前，老闆連忙追出店門，塞給我們各一顆咖哩餃。

「哈，被當成領隊與導遊。」玲鳳與敏惠忍不住笑了出來。

一行人沿著義二路往田寮河前進時，走在最後的我東張西望，邊走邊看所剩無幾的老房子，當然沒錯過與信二路交叉口一間維多利亞式的兩層樓洋房，最早是家吳服店，當時的店主岸田幾太郎恐沒料到，自己的曾孫會在一百多年後成為日本首相。

過了跨田寮河的十二生肖橋之一的金雞橋，小歐建議我們到仁愛市場二樓用餐，因爲：「夜市才陸續開始，想吃的攤位不一定有營業。市場二樓選擇多，每家我都好喜歡。」確認全員到齊後，陪伴大家整個早上的小歐有事先離開；謙稱實力不足，其實是特地來陪老同學走一段路的淑玲一家也接著告辭。

一上市場二樓，發現每個攤位都是人，我們決定化整爲零，各自進擊喜愛的小吃，並相約一小時後集合，送迺燕夫婦到基隆火車站搭車，再繼續下午的西岸徒步。

經過半天相處，雅惠和她的朋友已和我們嘻嘻哈哈，剩下安靜的李醫師，一路隨太座蘇醫師前進，到了**仙洞巖**也不進去，只在入口守候。待大夥兒陸續出來，我忍不住問蘇醫師，「李醫師今天怎麼有空陪妳來？」

「因爲今天是我們的結婚紀念日，他說既然那天妳也要走路，我就跟妳一起……」還沒聽完蘇醫師解釋，眾人旋即起鬨，「這也太放閃！」可這一鬧，害得李醫師越來越安靜……

過了陽明海運貨櫃場，原本預定右轉光華路，經基隆燈塔，登上**白米甕砲台**，卻遇到燈塔關閉整修。幸好燈塔前有不錯的展望點，將八斗子、和平島和基隆港盡收眼底。

登上制高點白米甕尖，除了可以近距離觀察當年爲了日俄戰爭整修的四個砲台基

｜左：通往要塞司令官邸，要爬一小段石梯｜右：白米甕尖是基隆西岸制高點，前方三支煙囪是協和發電廠的地標

座，還能看見整座協和電廠，包括大家熟悉的三支大煙囪。儘管電廠西側就是今天的終點外木山漁港，直線距離不超過五百公尺，我們卻上上下下，繞了三公里的路。更洩氣的是，原本以爲可以從漁港直接上車回基隆，才發現查好的公車時刻表夏季限定，換言之，末班車已過。

一群人垂頭喪氣又走了一公里多，終於看到省道的候車亭。此時，李醫師默默打開背包，分贈每人一顆巧克力，玲鳳脫口而出，「喜糖耶，你們兩個要幸福喔！」大家不禁笑了出來。

第 19 回

野柳，魔鬼海域？

外木山—跳石

野柳岬・野柳漁港・保安宮・頂社・跳石

2023.3.31

往返台北基隆間的國道客運有許多路線，這回搭的是從基隆西邊進入市區的一八一三D。下了高速公路交流道，陸續有人下車，但七、八成乘客卻一口氣在經國管理暨健康學院站下車，「簡直就是德育護專的校車。」紀姐身為資深護理人，顯然不太習慣拗口的新名字（學校在二〇二三年八月一日又改名成德育護理健康學院）。

再過兩站，蘇醫師、紀姐、麗娉、敏惠和我也起身下車，目送司機開著空車離去後，沿中山高中圍牆左轉文明路，回到上回終點外木山漁港。

「既然有外木山，那有內木山嗎？」眾人站在漁港旁的海水游泳池，欣賞早晨的海景，我突然問起這個問題。

「有耶。」敏惠立刻請出谷歌大神：「日治時期有外木山和內木山兩個『庄』級的地方單位，經國學院那一帶就是內木山。」沒想到隨口亂問，竟然得到有模有樣的回答。

這也是徒步的樂趣，行人不只和眼前的景物，也和這片土地曾經出現過的人事物對話。

沿著依山傍海的外木山濱海大道向西，我們來到一個叫做大武崙的小漁村，有難得

｜左：從龜吼漁港往野柳岬途中，回望翡翠灣｜右：沿著台二省道，從基隆市走進新北市萬里區，遠方是翡翠灣周邊櫛比鱗次的住宅

一見的白沙灘和幾片店家。過了沙灘旁的漁港往前，就是產業道路的終點，有一小段步道銜接台二線。公路正好經過海角，轉個彎，協和電廠的大煙囪就消失在眼簾。

煙囪消失後，伸入海中的**野柳岬**進入視野，成爲前進的地標。記得國小校外教學初次造訪，爲什麼叫野柳的問題，就曾在我的小腦袋瓜轉過，原以爲是有很多柳樹的原野，想不到是一片「長滿」怪石的海岸。由於當年小孩不流行問問題，地理又只教長江黃河，直到出社會才找到答案。在西班牙人佔領北台灣的大航海時代，來往雞籠與淡水的船員，因爲經過這片海域常觸礁擱淺，又看到岸上很多像魔鬼的蕈狀岩，還會遇到趁船難搶奪財物的土著，就在航海圖上標示 Punta Diablos，Punta 是西班牙文的岬角，Diablos 是魔鬼，用閩南語發音，就是 ia-li u（野柳）。

有了野柳的啟發，萬里地名的由來，也和西班牙文脫不了干係。當年西班牙人將漢人住的地方註記爲 Parian，用台語發音，類似萬里。至於瑪鍊的舊名，則因這裡曾住過瑪鍊人，也就是當地的原住民馬賽（Basay）族。這是一個精於貿易的民族，十七世紀生活在淡水到三貂角間的北海岸，如今只剩地名，成爲進入這段歷史的密碼。

「龜吼又怎麼回事？難道是居民聽過烏龜叫嗎？」地名的討論一發不可收拾。

「不是啦，龜吼以前寫成龜孔，『孔』用台語念跟『空』同音，過去海邊有個石洞，烏龜常常爬去產卵。」敏惠立刻爲麗娉解答。

「清朝的地圖是『龜空』，日本人後來以假名標註，或許曾經變成『孔』，又被加了口，就變成現在這樣。」雖然我知道標準答案，但心裡和麗娉想的一樣，希望能聽到稀罕的烏龜叫。

從台二線右轉石角路，過了順天宮的牌樓，就是近年以萬里蟹打出名號的龜吼漁港，只是我們經過時，無論是漁夫市集，還是原本就有的餐廳商家，都還沒開始營業。

一出漁港，是一條緊貼海岸線直通野柳的公路，龜吼這頭還有個螃蟹主題公園，但網路卻叫它「維納斯海岸線」。遇到我這種歷史控，就想知道西洋女神維納斯，怎麼跟這裡連上關係，最後只找到二〇一〇年有個最美海岸線的網路票選活動，還有「萬里居民用『愛』與『美』打造海岸線」之類的宣傳用語，不知道五十年、甚至一百年

｜左、中：過了駱駝峰，便逐漸接近野柳漁港與地質公園｜右：野柳漁港保安宮，每年元宵都會舉行神明淨港儀式

後的人們，會用什麼名字稱呼這段海岸？

進入野柳前，必須穿過開路時被炸藥炸開的尾稜，遠看像是駱駝，還有路徑登高遠眺。但我從路旁近距離撫摸、觀察海蝕砂岩形成的多彩紋理，已充分滿足好奇心，無需像猴子一樣爬高。

我們在午餐時間進入**野柳漁港**，當然要遵守「週週有海鮮」的北海岸徒步守則。餐後，當我問起「要不要買票進公園看女王頭」時，蘇醫師立刻回應，「就讓給遊覽車載來的觀光客。」其實，蘇醫師只是說出我的心聲，但我身爲隊長，必須確認沒有隊友想重溫舊夢。

離開野柳港前，一定要經過每年元宵都會舉行神明淨港儀式的**保安宮**，我竟脫口說出，「比起女王頭，我更想看神明和信徒一起跳水。」眾人聽了差點笑出來。

過了國聖埔站牌，就是核二廠設置進水口的海灘。雖然這一帶有國姓爺登陸的傳說，但我相信多數居民應

｜位於萬里的核二廠，已進入除役階段

該比較關心核二廠的未來，尤其是二〇一一年日本福島第一核電廠發生災變，當年已宣布北海岸兩座核電廠不會延役，但要如何除役，尤其是核廢料如何儲存，萬里金山居民應都睜大眼睛看著。

我對這兩座電廠，還有一段私人記憶。一九八八年夏天大學聯考後，鄰居謝叔叔就問我要不要跟他的學生一起去北海岸做調查。記得他告訴同在台大農學院服務的父親，因爲接了原委會委託計畫，要就兩電廠方圓數公里內的居民生態進行調查，據說跟擬定核災發生時的疏散計畫有關。

對我來說，上大學前無所事事的暑假可以打工賺錢，眞是天上掉下來的禮物，馬上點頭跟著十多名農藝系大學部與研究所學生上工。每天一早台大正門集合後，搭著遊覽車來北海岸做問卷調查。

也就是三十多年前，我已在這一帶上山下海，走過每一個村子，這回算是舊地重遊。

｜左：除了地名頂社，這裡幾乎找不到原住民聚落的痕跡｜右：氣派的金山衛生所，與實習時的印象截然不同

一過核二廠，我們又脫離省道，鑽進有樹蔭的萬金自行車道，來到一個叫做**頂社**的村落。兩旁光禿的樹枝，掛著船上誘捕魚群的大燈泡點綴，紅通通一片十分討喜。看到頂社兩字，我忍不住猜想，當年應該是馬賽人的聚落，只是經過時戶戶因風門窗緊閉，道路空無一人，無法應證或推翻我的聯想。

過了金包里溪就是金山，轉進老街前，我停在高聳的衛生所前喃喃自語，「天啊，什麼時候蓋的樓，六年級來見習時只有兩層……」

從台大家醫科開始支援衛生所群體醫療中心業務，金山就是社區醫療課程必經的一站。我還記得當年自告奮勇，晚上帶著全組同學到獅頭山後的磺港海堤看漁火，那是連駐所支援的住院醫師學長姐都不一定知道的秘境，可是我還沒入大學前，挨家挨戶走遍磺港發現的。

我們在離衛生所不遠的公園足湯泡腳，又聊到當年的見

｜左：來金山泡一下中山溫泉公園的足湯，消除長時間行走累積的腿部疲勞｜右：金山清水濕地的白鶴造型郵筒

習，蘇醫師說了我一句，「看來妳從小就愛玩。」

「沒錯，後來還藉機跑到蘭嶼綠島巡迴醫療……徒步台灣快要回到終點，我覺得除了本島，幾個離島也値得一去。」

一聽到離島，眾人睜大眼睛看著我。

「只去蘭嶼綠島小琉球還好，如果連澎湖、金門和馬祖都要去，那可是大工程。」

「支持！先報名再說。」看來，我的徒步旅行已做出口碑。

穿好鞋襪，我們經過老街和緊鄰的山丘，往清水濕地前進，如果夏天造訪，將是荷葉田田的風景。

二〇一四年底，這裡來了一位迷路的嬌客，一隻來自西伯利亞的小白鶴。由於台灣從不在白鶴的越冬路線上，專家認爲牠迷路了，隔年還錯過北返季節，亂飛到台北市區，一度被動保處收留。

由於小白鶴的到來，促成這一帶農友開始嘗試友善耕作，農業局與民間生態人士也進一步倡議，希望不只爲了迷航的小白鶴，而是讓所有經過金山的候鳥，都能好好過冬。

二〇一六年五月，白鶴終於踏上北返之途，只留下荷花田裡一支可愛造型的郵筒，還有越來越多人守護的清水濕地。

我們坐在光禿禿的水田旁，看著郵筒，聽敏惠說故事。

過了中角灣，海岸又逼仄著山崖。淡金公路未開通前，來往的居民與商旅，到此必須等到退潮後，順著岸邊的石頭跳躍移動，因此有「**跳石**」這樣的地名。值得一提的是，岸邊圓滾滾、大小不一的石頭，是大屯火山爆發四處漫流的噴發物，長年經海水掏洗後留下的遺跡。

天色漸暗，我決定到跳石公車亭結束今天的行程，把拍網美照的機會留到下次。

｜淡金公路未開通前，來往行人只能等退潮時，沿著岸邊的石頭跳躍前進

第 20 回

天涯海角

跳石—淺水灣

跳石公車亭．乾華十八王公廟．石門海蝕拱門．綠石槽．
麟山鼻．淺水灣

往金山一八一五的客運，奔馳在國道一號上，我不時留意隊友狀況。從內壢搭火車到台北車站換乘的小梅，今天有了護花使者銓哥，即便最早出門，兩夫婦一路精神奕奕。其實，無論是老班底蘇醫師、紀姐、麗娉和敏惠，還有最後一刻跳上客運的玲鳳，在不到一個半小時的車程中也都全程清醒，「看到大家很有精神」，一路被叫隊長的我，安心感油然而生。

站在金山中山路上，面著竹子山等候開往淡水的公車，我突然想起：「如果沒有客運，我們可要花一整天翻過大屯山系，才能站在這裡。」

「隊長之後要走魚路古道？」麗娉認眞回應。

距離出發的公路原點，只剩一百公里不到的路程，我確實開始思考回到原點後如何繼續走路。

走路不難，要怎麼享受走路，一邊走一邊感受經歷的時時刻刻，那就是提升到宗教與哲學層次的事情。我知道一行禪師說過，每跨出一步，都能欣賞腳下實實在在的大地，就是行禪。只是像我這樣的凡人，跳出生活常軌刻意安排一段徒步，似乎比較容易進入「正念」的狀態。

｜左：來到跳石公車亭，隊友們忍不住當起網美｜右：草里漁港旁的望海咖啡廳

「車來了。」蘇醫師出聲提醒大家，我被拉回現實，果然是個很不「正念」的人。

「或許可以加入你們的徒步團再走一圈。」我知道麗娉有一群朋友，正以前作《一路向南》爲藍本，開始徒步台灣。

一出鬧區，就是衝浪基地中角灣，再來是綿延數公里的跳石海岸，不只設了一個公車站。但爲了拍出和網路流傳一樣的美照，我們就是要在**跳石公車亭**下車。

「我會從馬路對面爬上山，站在海產店門前的平台往下照。」上回搭車離開前，我已默默勘查地形，要隊友留在原地等我。

從上俯視公車亭橘黃色的閩南式建築屋頂，礁石與大海正好是背景，構圖十分完美，可惜我沒帶長鏡頭爲隊友特寫。

善用手機，一樣可以留下許多美好的生活瞬間。就在一個叫草里的小漁港旁，有家望海的咖啡廳，我隨手拍下銓哥和小梅肩並肩坐在店門前——一個長年在飛機上工作的丈夫，爲了

｜左：通往乾華的十八王公橋，橋頭有義犬造型石雕｜右：來到十八王公廟，當然要去廟前商店街買肉粽

妻子圓西班牙聖雅各之路朝聖夢，放假陪她練腳力途中，暫歇靠海之地（草里舊名阿里茗，是馬賽語的靠海之地），不也是美麗的生活瞬間？

過了核一廠，台二線出現高架跨海路段，我們照著路標，左轉一條鄉道，過了一座四個橋頭豎有黑狗塑像的小橋，就是「**乾華十八王公廟**」。

漢人入墾後，北海岸原本就有許多祭拜船難喪生者的流水廟。十八王公的故事，是從一則發生於清同治年間，有十七名船難喪生的乘客，加上一條自願殉葬的義犬傳說開始。最初只是一座合葬墓，漸漸變成一間廟宇，一九七〇年代台電核一廠進駐前，興建工程中發生的種種傳說，讓十八王公的名氣傳了出去。接著遇上全民瘋大家樂、六合彩的一九八〇年代，包遊覽車來求明牌的民眾絡繹於途，鄉民們跟著來擺攤，其中以酬神的肉粽最具特色，迎來十八王公的全盛期。

後來台二線拓寬工程採高架進行，十八王公廟不再位於

左：海蝕拱門石門洞，是許多人青春的回憶｜右：北海岸的公車亭，各個都值得打卡留念

幹道上，加上大家樂退燒，求明牌的風潮漸漸褪去，只剩強迫推銷金紙、建築物破落等負面新聞傳出。不過，政府持續透過區域改造計畫，並協調廟方斥資五千萬元重建，希望這一帶別再沒落下去。

我對北部粽沒興趣，便站在廟埕看著下方的商店街，上午十點不到，只有賣肉粽的攤販陸續開門，隊友們也成了頭幾批光顧的客人。

看到省道高架路段一結束，隊友們快手快腳穿過馬路，回到貼著海邊的車道行走，很快就遇到一個和跳石一模一樣的公車亭。我來不及過馬路，從對面看她們魚貫穿過，趕緊拿起手機，拍下有趣的畫面。

繼續往前轉個彎，**石門海蝕拱門**出現了，我相信早年來過北海岸的遊客，家裡相簿都有它的身影。但是記得洞本身是上升的海蝕洞，洞頂是海蝕平台，整個景點是地殼上升直接證據的人，恐怕寥寥無幾。

時間剛過十一點，我心裡盤算著要在老梅吃午飯，還是先到綠石槽、富貴角，再到選擇較多的富基漁港用餐。想著想著，前方突然傳來一陣呼聲，我趕緊上前，原來是蘇醫師以前的同事，看到我的臉書打卡特地開車來北海岸碰運氣，兩人一見面，興奮萬分地擁抱、寒暄。

「前面就是老梅，要不要一起吃個飯。」蘇醫師朋友的出現，瞬間解決我的選擇困難，即使這回沒有共食的機緣，我也不想繼續搖擺。

就像野柳沒有柳樹，老梅也沒有梅樹，又是一個原住民語留下的地名。轉進老梅路，原本走在我前方的銓哥，突然上前拍拍小梅肩膀：「妳的村子到了。」害我沒禮貌地笑了出來。

「銓哥皮在癢？不要喪失求生意志啊！」玲鳳在一旁也抓到笑點。

小梅只挑了一下眉，完全無視。

「原來是高手過招。」我們兩人得出結論。

四月初還不是欣賞**綠石槽**最好的季節，卻已讓初次來訪的隊友驚呼不已。這些縱形溝槽，是大屯火山爆發後留在海岸邊的火山礁岩，經過長時間海水侵蝕，掏走質地鬆軟處，留下較堅硬的部分。每年隨著東北季風，帶來的浪花滋潤石槽表面，慢慢長出綠色

春夏之交，老梅的綠石槽欣欣向榮

的海藻，再漸漸凋萎，因此，「綠石槽」是初夏限定的美景。

穿過沙灘有條小路盤旋上富貴角，從高處俯瞰石槽又是一番風情。這時有架空拍機，從敏惠眼前緩緩飛過。

「這也太厲害了。」敏惠忍不住驚呼。

循著引擎聲，我發現操縱機器的中年男子好眼熟。

「請問你是黃威雄醫師嗎？」

黃醫師大我兩屆，在校期間並不認識，我是被他的臉書攝影專頁吸引，才成爲臉友。

學長被我嚇了一跳。台灣眞的很小，一路向北以來，這已是第三次和在校期間不相識的系友，因社群軟體開始互動，卻在荒郊野外不期而遇，眞是不可思議的臉書。兩人合照後，學長被我拗到燈塔下，幫全體隊友拍極北點紀念照。

下了富貴角就是富基漁港，想不到假日的漁港過了下午一點，仍然有揮汗排隊的用餐人潮，我不禁爲自己決定先在老梅吃飽感到得意。

日落淺水灣

離開觀光漁市和餐廳，又回到沒有遮蔽的海邊，隊伍越走越長，我判斷最好找個地方休息，等陽光弱了再走。不同於東海岸罕無人跡，我們很快躲進白沙灣旁一家試營運飯店的餐廳，差點兒賴著不走，直到我估算路程，不得不催促大家向前。

麟山鼻的安山岩岬角，又是大屯山火山爆炸遺跡，比較特別的是沙灘，因殘留磁鐵礦砂是黑色的。儘管地理位置靜僻，卻有不少遊客，或許是拜周杰倫之賜，由他自編自導自演的電影《不能說的秘密》，就在這裡騎單車載著桂綸鎂回家。

沿著雙灣自行車道進入三芝，抵達終點前最後幾公里，多半是在木麻黃、血桐、大葉欖仁等防風樹種包圍的小徑間前進，偶然遇到滿開紫色小花的苦楝樹，令人眼睛一亮。大夥兒邊走邊玩邊說笑，帶著好心情走進終點**淺水灣**。

第 21 回

親近媽祖的好時節

淺水灣—關渡

雲門劇場・一滴水紀念館・殼牌倉庫・關渡宮

我們坐在聖約翰大學對面的便利商店內休息，等候玲鳳前來會合。

日頭下沿著省道徒步，從淺水灣出發不久，覺得體感溫度已飆破三十度，雖然蘇醫師、紀姐、麗娉、敏惠和佳蒨各個耐操無比，還是要避免中暑，配合玲鳳從淡水上公車的時間，在這裡休息正好。

過了下圭柔，我們將在一個叫林子的聚落，從台二省道轉進往淡海新市鎮的台二乙。我有留意經過聚落與道路名字的習慣，知道這是平埔族馬賽人留下來的地名，但在一八九七年伊能嘉矩來調查時早已滅亡，變成漢人的村子。

一百多年後，伊能嘉矩當年手繪「舊淡水縣平埔蕃十九社分布圖」時註記的圭北屯社消失了，下圭柔溪還在，挨著新市鎮北界入海。我們則沿著與溪流大

｜淺水灣出發前，來張自拍團體照

一滴水紀念館原本是位於日本福井的古民家，飄洋過海落地淡水小鎮

致平行的公路，進入一九九〇年代起陸續開發的各個集合社區。

紀姐一直是徒步隊伍中的勇腳，我發現最近兩回她都在半途換鞋，因拇指外翻改穿夾腳拖，預防磨出水泡。別看她穿著拖鞋，步行速度絲毫不受影響，但今天有點不同，她真的慢了下來。

「走得太密集，腳休息不夠。」聽紀姐這麼說，我有點不好意思，眼看就要回到終點，又遇上假期，短短十天排了四次徒步。

我要她不必擔心拖累大家，如果狀況真的不好，新市鎮不只有公車，還有輕軌，可以隨時撤退，放寬心慢慢走。

行經新市鎮開發完成區域，有很多曾經廣告打很兇的社區，我們四處張望，並不斷發出「原來就在這裡」的聲音，猶如劉姥姥進大觀園。

從北邊進入淡水市區，一定得經過滬尾砲台鎮守的山丘。這一帶除了一百五十年的砲台，一百年的高爾夫球場，搬來快十年的**雲門劇場**，還有一座超過百年歷史，因台日民間友誼從日本福井飄洋過海移來的古民家，取名「**一滴水紀念館**」。

因爲童年生活在日治時期留下來的房子，我對木造日式建築莫名親切，加上這座紀念館，是爲了紀念昭和時代知名作家水上勉（一九一九~二〇〇四），以及他的父親水上覺治（也就是起造這間房子的木工），特地和水上老家的紀念館「若州一滴文庫」起一樣名字，當然不能錯過。

一九九〇年前後，水上勉的作品曾譯介部分到台灣，之後中斷快二十年，直到今（二〇二三）年一月，因人氣散文集《土を喰う日々》改編的電影《舌尖上的禪》在台灣上映，出版社才有新的翻譯計畫。但今天的導覽員顯然不是水上勉粉絲，聽我提起電影由澤田研二與松隆子主演，只是淡淡地回應：「松隆子我聽過。」

可能因爲水上勉不是淡水人，導覽志工覺得有距離，但我不禁好奇，如果由鄉親投票，選出一位跟淡水有淵源的當代名人建紀念館，究竟誰會中選？會是周杰倫嗎？

原本打算從紅毛城順遊老街，一路集滿西班牙人在台灣的足跡，從聖羅倫佐（蘇澳）、聖地牙哥（三貂角）、聖薩爾瓦多（和平島），再到聖多明哥（紅毛城原址）。但今天春陽暖暖，加上 COVID-19 疫情完全解封，到處都有可觀的人潮，我們便跳過隊

位於滬尾砲台附近的雲門劇場

友們以前都去過的紅毛城，直接到英專路商圈的美式餐廳大嗑漢堡——海鮮再怎麼美味，中年人實在不適合一週連吃幾次。

餐後穿過淡水交通幹線中正東路（台二乙），來到河岸邊的**殼牌倉庫**，試著想像淡水在一八五八年天津條約後，作爲五口通商口岸之一的榮景。當時的進出口貿易量，佔全台六成以上，從這裡輸出台灣茶、樟腦、與硫礦等產品，進口的商品則以鴉片與各種日常用品爲大宗。

殼牌倉庫的前身是英商嘉士洋行，一八九七年被殼牌公司買下，增建了倉庫與油槽，還鋪設鐵軌連接淡水線方便運輸。不過，淡水居民恐怕不那麼喜歡它，當年因三個油槽發出濃厚的油臭味，得到了「臭油棧」的稱號。

一九四一年，臭油棧旁邊多了一個水上機場，作爲長途飛行的加油轉運站，例如橫濱曼谷航線，當年就在淡水中轉。三年後，日本政府以殼牌倉庫是敵國資產爲由，強制徵收，油槽與機場旋即成爲美軍轟炸重點。一九四四年十月十二日，美機來襲，「火燒臭油棧」達三日之久。

紀姐斟酌再三，決定放棄接下來的行程，在早已沒有油味與垃圾異味的河岸再坐一會兒，直接從淡水捷運站搭車回家。

經過充分休息，五人滿血回歸。佳蒨甚至提議，乾脆一路走回行政院，雖然我評估體力與時間不成問題，還是出言制止，「四天後已經有許多隊友報名，要來參加徒步台灣完結篇，連餐廳都訂好了。如果今天一口氣走完，很多人會大失所望啊！」

「那我們走到關渡就好，順道去**關渡宮**拜媽祖，買鹹鴨蛋。」佳蒨爲今天選了一個好終點，春天確實是親近媽祖的好時節。

｜農曆三月瘋媽祖，正好經過關渡宮

第 22 回

回到原點

關渡—省道公路原點

三川殿・社子島・大稻埕・戎克船・貴德街・錦記茶行・
李春生紀念基督長老教會・李臨秋故居・迪化街・霞海城隍廟・郭怡美書店

環島徒步團聲勢越來越浩大，卻將進入尾聲，眾人依依不捨

我和佳蒨沿著一路有紅燈籠的街道，從捷運站走到今天的起點關渡宮，發現這一帶已成爲有學校、市場和醫院等公共設施，新舊建築密布在蛛網般道路兩旁的社區。

凱達格蘭族人叫 Kantou，十七世紀西班牙人稱作 Casidor 的地方，在清乾隆年間續修的《臺灣府誌》裡，已標註爲「關渡」。不過，主祀媽祖的關渡宮來得更早，據《諸羅縣誌》記載，康熙年間，「天妃廟，一在外九莊笨港街……一在鹹水港街……一在淡水干豆門，五十一年（一七一二），通事賴科鳩眾建。」經過三百多年眾人心血澆灌，早已不是最初簡陋的茅草屋，而是具備完整組織架構，由財團法人經營的信仰中心。

隊友們不約而同聚在**三川殿**前大樹下，也是關渡宮最有古早味的角落，準備出發前由我掌鏡的團體自拍

經過基隆河沖刷形成的關渡平原，就進入台北市區，再也看不到綠油油的水田

照。一群中年人好不容易擠進小小的鏡頭後，今天最年輕的新隊友，也是蘇醫師的女兒拿出自拍棒，叔叔阿姨們見狀，廟埕前再度整隊，不必擠成一圈，輕輕鬆鬆連拍好幾張。

由於出發時多達十三人，我請大家一一自我介紹。人稱顧顧的顧蕙倩老師是另一位新隊友，但我的同學淑玲、還有麗娉已分別與她有交集，三人一見如故。我還交代一向走在隊伍最前頭的佳蒨慢慢走，因爲餐廳十一點半才開始營業，走太快會被處罰站門口。

沿著水鳥保護區旁的自行車道逆流而上，正好隔著基隆河和**社子島**遙遙相望，偶然還經過秧苗欣欣向榮的水田，但憑過去多次單車巡禮的記憶推想，這應該是徒步抵達終點前最後的田園風光。

跨過社子大橋，我們沿基隆河左岸前進，在北投焚化爐大煙囪景觀台對岸稍事休息時，小梅突然問我，「明天過後呢？」

「繼續走路啊！剛剛出門前我已在社團 PO 文，邀大家繼續走台十一線，希望能在七月前從花蓮走到台東。」

報名聲一時此起彼落。

「吼，什麼明天過後，又不是災難片。」曉卉忍不住尋自己姐姐開心。

從現代地圖看社子並不是島，而是基隆河與淡水河共同沖積而成的半島。可在一百多年前日本人繪製的地圖裡，社子卻是一個葫蘆狀的河中島，隔著基隆河支流「番子溝」，與大稻埕、劍潭相望。後來到底發生什麼事，讓社子島變成「半島」？原來是爲了修中山高速公路，番仔溝被塡平了，社子島的名字卻留了下來。

今天並不是番仔溝考察之旅，我們就在葫蘆狀地形的頸部，也就是延平北路七段與洲美快速道路交會處附近，從社子島東岸橫跨到西岸，準備沿淡水河推進**大稻埕**，並在大稻埕碼頭廣場上的**戎克船**前，和玲鳳與筱婷會合。

廣場上不是只有戎克船，還有市集和自行車出借站，天氣晴朗的假日下午，人潮總是熙熙攘攘，但我們眞的來早了，遠遠就看見兩位隊友站在空曠的廣場上等候。蘇醫師的女兒，也就是年輕的李醫師再度拿出自拍棒，以淡水河和縮小百分之四十的戎克船爲背景，記錄即將由大稻埕入台北城的全體隊友，顧顧老師也在我的請託下，成爲大稻埕的引路人。

貴德街。

一過五號水門，顧顧不急著帶大家去迪化街，而是立刻右轉，走進乍看有些破落的**貴德街**。

｜左：大稻埕碼頭前的縮小戎克船｜右：茶葉大亨陳天來起造的錦記茶行，過去可以從二樓陽台遠眺淡水河帆影

「果然是行家出手。」我在隊伍最後不禁暗暗叫好，因為老台北莊永明老師曾說，「要尋找台北市的歷史，貴德街不得不去走一趟。」

往南約五十公尺，門牌七十三號的豪華宅邸，是一棟仿廈門、鼓浪嶼一帶中西折衷的三層建築，曾經是茶業大亨陳天來在一九二三年啟用的**錦記茶行**。儘管整棟建築有太多值得觀賞的細節，我的目光卻被二樓陽台吸引。遙想當年的二樓是茶商招待所，賓客品茗之餘，一出陽台就是淡水河的帆影點點和觀音山的晚霞落日，著實令人神往。

繼續向南五十公尺，西南角有間磚紅色兩層樓建築，叫做**李春生紀念基督長老教會**，是李家第三代在一九三五年為了紀念祖父捐獻給教會。從清末活躍到日治的大稻埕仕商李春生（一八三八～一九二四），除了是從事茶葉、樟腦、洋貨等進出口事業致富的著名買辦，更是一位積極從事公共事務的基督徒。

｜左：李春生紀念基督長老教會，前身是大稻埕郵便電信支局｜右：台北霞海城隍廟，是大稻埕重要地標

附帶一提的是，這棟建築成爲教會前，李家一度租給日本政府，作爲「大稻埕郵便電信支局」，由此一窺李家當時的影響力。

由於兩棟歷史建築當天都未開放，我們只能「過門不入」，顧顧便帶著大家在教會前方左轉，又五十公尺，來到一代歌人**李臨秋故居**。

「這裡要預約才能參觀，但我們等一下可以去大稻埕公園，那裡有李臨秋紀念雕像，還會定時播放〈望春風〉、〈一個紅蛋〉等經典歌謠，近距離感受他的存在。」顧顧語畢，旋即熟門熟路穿過西寧北路，從不知名的巷弄進**迪化街**，直奔**霞海城隍廟**。

「這裡我就知道了。」眾人異口同聲。回到郭雪湖名作〈南街殷賑〉現場，城隍廟香火依舊，近年尤其多了爲月老而來的年輕人。

「要不要叫女兒進去拜一下？」惠貞忍不住慫恿蘇醫師。

「現在年輕人都有自己的看法，我們要尊重她。」大家都能感受到，有女相隨的蘇醫師既滿足又知足。

「妹妹是不是當年依偎在妳身邊，一起接受《和平風暴》紀錄片訪問入鏡的小女孩？」看著宛如鄰家女孩的李醫師走在前方，我想起蘇醫師不久前才在單元劇《和平歸來》劇後現身說法，還有將近二十年前的紀錄片片段。

「妳眞的記性超強，連我年輕時受訪的事都記得。」蘇醫師總不忘稱讚身邊的隊友。

「是妳說的話令人忘不了。」這麼回應絕非客套，一路走來，沒有一個隊友不喜歡蘇醫師的率眞與溫暖。

說著說著，我們來到迪化街最新的打卡點**郭怡美書店**。

郭怡美書店所在的老屋，是出版人郭重興的祖父郭烏隆的起家厝。然在郭重興出生前，老屋已經轉賣，全家人住在後方民樂街的宅子裡。

郭重興三十六歲時，民樂街的房子也得處理掉，種下他把屋子買回來的念頭。想不到這個心念，最後促成他租下祖厝開書店。

大夥兒對著還沒開門的書店拼命取景，淑玲向我走來，提起她將來可能會從我在臉

｜上：近年開幕的郭怡美書店，是出版人郭重興家族的起家厝｜下：大稻埕公園裡的李臨秋雕像

書分享的照片中，挑出讓她有感的進行水彩創作，希望我能同意。

「那將是我的榮幸啊！」能和畢業三十多年的國中同學一起徒步，已是我的榮幸。

郭怡美書店向北右轉，就是有李臨秋塑像的大稻埕公園。顧顧打趣問大家，「你們是不是和我一樣，覺得李臨秋的頭又光又亮？」

「好像ＥＴ。」我不禮貌地說出心裡的直覺。

沿民生西路向東，我們經過尚未營業的寧夏夜市、還有已成爲歷史的圓環，再由南京西路轉中山北路，以平日未有的心情與速度，從大稻埕到城內，來到曾經前衛的「台北市役所」，也是現在的古蹟行政院前，結結實實踩上嵌在人行道上的省道公路原點。

「感覺不太眞實耶。」我和隊友都有未完待續的感覺。

後記

徒步台灣之後

回到公路原點後，我們休息半個月又出發了。

從花蓮沿著台十一線向南，在盛夏前抵達台東，我們經過的地方，幾乎都是阿美族傳統領域，除了花蓮豐濱和台東長濱兩、三個村落有噶瑪蘭人。

爲何要安排徒步台灣的「番外篇」？因爲我在隊友和自己身上，感受到一股繼續走下去的動力。

這股動力初次浮現，是在接近鵝鑾鼻時，我們坐在不知名海邊的大葉欖仁樹下休息，聊到這樣走路很紓壓，蘇醫師便提議，不如每三到五年，約定繞台灣一圈，走到走不動爲止。眾人紛紛附議，還笑說最後會不會變成一個輪椅、拐杖大隊？

輪椅拐杖何妨？我相信我們的島，將對行人越來越友善，因爲一路走來，發現越來越多省道旁，不只有自行車，甚至出現行人專用步道。就算隨著年紀越走越慢，只要走路的人意志堅定並做好準備，一樣會到達每次旅程的終點。

二〇二三年春末開始的台十一線徒步，是我們延續這股動力，所開啟的另一章。

另一個是歷史控的私人理由。雖然我很早就知道，秀姑巒溪出海口附近，曾在一八七七年發生過「大港口事件」，清朝台灣鎮總兵吳光亮，爲執行沈葆楨「開山撫番」政策，在 Cepo 設宴，誘騙屠殺阿美族菁英。

直到幾年前，我看完陳耀昌老師的小說《苦楝花》，才知道悲劇發生地點就是現在的靜浦國小操場旁，生出一股非去不可的心念。雖然大港口只是清帝國在後山眾多戰役與大屠殺的一節，我也在縱谷徒步時去過「大庄事件」相關現場，但不知爲何，那絲意念卻越來越強——我猜陳老師知道了一定會說，祖靈召喚。

於是我上網搜尋，意外發現靜浦社區發展協會，提供多項部落生活體驗活動，其中包括探查 Cepo 戰役（阿美族史觀的大港口事件）的戰場……

我們就這樣上路了，沿途同樣得到書中已提過的在地好友迺燕，以及慧珍彥宏夫婦諸多幫忙，也發生大大小小的驚喜，像是在長濱見到以「足部反射健康」（俗稱的腳底按摩）全台知名的吳若石神父，巧遇認識多年但第一次見面的知名心靈書籍譯者易之新醫師……

去過日本四國遍路的人一定聽過「人生即遍路」，請容我移用爲「人生即行路」。從四國走回台灣，我重新找回、培養自己一度被生活埋沒的「走路體質」，同時找到一群來自各行各業，不同世代但志同道合的朋友一起走路。我會繼續下去，用走路擴大自己的舒適圈，並期待與更多人，當然包括親愛的讀者，在某條步道上相會。

VIEW 145

一路向北：浪人醫師的徒步台灣東海道

作　　者—吳佳璇
照片提供—吳佳璇
責任編輯—陳萱宇
主　　編—謝翠鈺
行銷企劃—鄭家謙
封面設計—陳文德
美術編輯—菩薩蠻數位文化有限公司

董 事 長—趙政岷
出 版 者—時報文化出版企業股份有限公司
108019 台北市和平西路三段二四〇號七樓
發行專線—（〇二）二三〇六六八四二
讀者服務專線—〇八〇〇二三一七〇五
（〇二）二三〇四七一〇三
讀者服務傳真—（〇二）二三〇四六八五八
郵撥—一九三四四七二四時報文化出版公司
信箱—一〇八九九 台北華江橋郵局第九九信箱
時報悅讀網—http://www.readingtimes.com.tw
法 律 顧 問—理律法律事務所 陳長文律師、李念祖律師
印　　刷—和楹印刷有限公司
初 版 一 刷—二〇二四年六月十四日
初 版 二 刷—二〇二四年七月十八日
定　　價—新台幣四八〇元

一路向北：浪人醫師的徒步台灣東海道/吳佳璇著. -- 初版. -- 台北市：時報文化出版企業股份有限公司, 2024.06
面；　公分. --（View；145）
ISBN 978-626-396-196-8（平裝）
1.CST: 徒步旅行　2.CST: 台灣遊記
733.69　　113005107

ISBN 978-626-396-196-8
Printed in Taiwan